老後は非マジメのすすめ

後半生は落語的に生きるべし

立川談慶

目次

第1章
究極の楽しみ方を「貧乏」にみつけたり ……………… 9
エピソード1 『長屋の花見』
大家さんの存在意義を考える噺
談慶が聞く 楽しみ方の極意とは？
そもそも「老後」という概念のない落語の世界
勝ち組、負け組という発想をやめよう／競争からの離脱
「見立て」という知性／不マジメではなく、非マジメ／非マジメのすすめ

第2章
家族のカタチ ……………………………………… 39
エピソード2 『芝浜』
熟年夫婦ならではの噺
談慶が聞く 夫婦ってなんだろう？
カミさんを大事にしよう／子どもとこそ「ロジカル」に向き合あう
おおざっぱに生きてみる／酒も仕事もそこそこに／ウソは相手のためのもの
夫婦はサンプリング

第3章　あっぱれ！老人力……71
エピソード3『小言幸兵衛』
ガンコと妄想は特権という噺
談慶が聞く　カッコいいジジィの法則
小言で教育していた談志／小言は大事な老化現象／愛される小言
妄想力を鍛える／落語未来予想図
第4章　人生はネバーエンディングストーリー……99
エピソード4『死神』
「死にたくない！」は究極の欲望という噺
談慶が聞く　人生一〇〇年あっても、ねぇ
死への恐怖の緩和／長寿社会は幸せか？／カネ持ちは幸せか？
死後の世界はあるか？／仏教と落語は兄弟／「いい人だったなぁ」

第5章
古いものには文化がある……129
エピソード5『火焔太鼓』
無欲のご褒美という噺
談慶が聞く　ハプニングは素敵だ！
世の中をついでに生きる／ハッピーエンドの処方箋
文明ではなく文化をめざせ／「のんき」はやさしい／仕事を好きになる
必須アイテムはコミュニケーション能力

第6章
自分至上主義の痛快……161
エピソード6『権助魚』
ストレスフリーの達人の噺
談慶が聞く　忖度なんて、損でしょう！
田舎者の了見／お洒落な権助を目指そう／権助に学ぶ鈍感力
カリスマたちの鈍感力／地方出身者のしたたかさ

第7章 人生はバクチだ ……… 185

エピソード7 『文七元結』

究極の江戸っ子の噺

談慶が聞く バクチ打ちの了見が知りたい!

風のように去っていった談志/伝統を現代に、落語を現代に

世の中全部、バクチじゃないか/アンチデイトレイダー的に生きてみる

「そそっかしい」は素敵だ!/吉原という装置

最終章 スーパースター与太郎 ……… 211

エピソード8 『与太郎噺の数々』

愛すべき与太郎的生き方の噺

談慶が聞く 与太郎的生き方のコツを知りたい

与太郎から学ぶ「愛される力」/世の中を変えるのは、誰?

「愛すべき与太郎」をめざす/居場所の見つけ方/マイナスをプラスに転じる

人生は逆転できる!/「老後」という概念から脱する

第1章

究極の楽しみ方を「貧乏」に見つけたり

エピソード1 『長屋の花見』

大家さんの存在意義を考える噺

季節は桜のまっさかり。貧乏長屋の住人一同、いつもは怖い大家さんから呼び出しをくらった。一同、店賃《たなちん》を払っていないことが発覚したのだと戦々恐々《せんせんきょうきょう》。与太郎にいたっては「まだもらっていない」という始末。

そろって大家さんの家に出向くと、「みんなで上野の山へ花見に行こう」という。ただの誘いだったのだ。

酒も入れた、肴を詰めた重箱も準備したと聞いて大喜びしたのもつかの間、酒は番茶を水で割ったもの、重箱のフタを開ければ、卵焼きはたくあんで、カマボコは大根の漬け物という見立てだった。

「店賃の催促をされないだけありがたい」と、一同、酔ったふりをして時を過ごす。

オチは、「大家さん、近々この長屋にいいことがありますよ。ほら、茶柱ならぬ酒柱が立っている」。

談慶が聞く　楽しみ方の極意とは？

談慶「いやあ、お疲れさまでした。楽しかったですか？」
八「楽しいわけねえだろ、酒の代わりに番茶を薄めたの飲まされて」
熊「ああ、まいったよ、卵焼きかと思ったらたくあんだぜ」
八「カマボコにありつけたと思ったら、大根の漬け物なんだもんな」
熊「あの大家の狸野郎にやられたよ」
談慶「でも、我々が住んでいる現代では、卵焼きよりたくあんの方が値段としては高いんですよ」
八「マジかよ?!」
談慶「はい、無農薬有機農法で栽培された大根のたくあんや漬け物だったら、安売りの卵より高いんです」
熊「わけのわかんない世の中だな」
八「ああ、俺たちからしてみれば考えられない」
談慶「そんなめんどうくさい世の中だからこそ、あなた方の言動記録である落語に、僕ら現代人は癒《いや》されているんですよ」

熊　「あんたら、たいへんなんだなぁ」
談慶「そう、たいへんなんです。それが今回のテーマ老後なんです」
八　「老後？　なんだい、老後って？　知ってるか、熊、老後って」
熊　「見たことねえや、なんだいそれ」
談慶「そこなんです。見たことがないのが、老後なんです」
熊　「ますますわからねえ」
談慶「まあ、老後って、みなさんが生きていた頃よりずっと後になって、出てきた考え方でしょうね。わかりやすく言うと、老いて働けなくなってきたあとの状態のことですな」
八　「知らねえよ、そんな先のことなんか」
熊　「医者が儲《もう》けたいだけだろ」
談慶「うわ、そうきましたか（笑）。我々の住む世の中は、長生き＝幸せということになっています」
熊　「そもそもさぁ、俺たち、働いているという感じはないんだよ」
八　「そうそう、たまたま目の前に仕事があるだけで」
熊　「入ったカネはみんな飲んじまうしな」
八　「カネがなきゃないで、まわりに借りたりして、なんとかやり過ごすだけだもんなぁ」

熊　「ああ、まわりに誰かしらいるしなぁ」

談慶「我々は、働けなくなった時を思い、酒を飲むのを控えたり、遊ぶのをやめたりして貯金したりと。いろいろ大変です」

八　「談慶たちが、めんどうくさい世の中に住んでいるってよくわかったよ」

談慶「そうなんですよ、みんな見えない老後は不安で、それで、そんな不安を払拭《ふっしょく》するような本を書いて欲しいと言われて」

熊　「おまえ、いま老後でもなんでもないのにな」

談慶「わかりますか？　そうなんですよ。いま老後じゃないから、実感なくって」

八　「いや、待てよ、熊。こいつは、いま老後じゃないからそんな本が書けるんじゃないのか？　マジで、いまこいつが老後の真っ最中だったら、そんな本書けないだろ」

談慶「あ、うまい！　青天の霹靂《へきれき》だ」

熊　「そうか、いきなりある時ガタンと谷底に落ちるようにして老後の世界に入るわけじゃないもんなぁ。じわじわ老後とやらに近づいていくんだもんな。八、おまえうまいこといったな」

八　「照れるな」

談慶「助かります！　あの、お二人にお願いですが」
八　「なんだい？」
談慶「この本を書かないと次に進めないので、私の生活もありますし。ちょいと付き合ってもらえますか？」
熊　「談慶は自分の老後が不安だって言うんで、俺たちと一緒に語り合って、分け合いっこしようって了見《りょうけん》かい？」
八　「いいよな、熊？　どうせ俺たちヒマだし」
熊　「ああ。それにあれだろ、おまえ、この本書いたら、カネ入るんだろ？」
談慶「まあ、原稿料とか印税とかが少しばかり」
八　「いや、吉原へ連れていけとはいわないよ。その辺の居酒屋でいいよ、なぁ熊」
熊　「ああ、飲ませてくれるならいいよ」
談慶「あ、それぐらいなら。あ、ほかの落語の登場人物にもお願いしてもらってもいいですか？」
熊　「いいよ。なにしろみんなヒマだからな。すぐ来るよ」
八　「オレ、ご隠居《いんきょ》や大家にも声をかけて来るよ」
熊　「いいなぁ、それ。あの二人は、いままさに棺桶に片足突っ込んでいるから」

八　「まさに！　老後だもんなぁ」

談慶「実は前回書いた本『なぜ与太郎は頭のいい人よりうまくいくのか』（日本実業出版社）には、与太郎さんにこういう形でインタビューに出てもらったのですが」

八　「おい、いきなりかよ?!　大丈夫だったかい、あいつ？」

談慶「ええ、話が時どき噛み合いませんでしたが」

熊　「あいつはそういうヤツだしな。でも最初があいつなら、あとは楽だと思うよ」

談慶「与太郎さん、本のインタビューのことで何か言っていませんでした？」

八　「別に何も言ってなかったよ」

熊　「どうせもう忘れているよ、あいつのことだ」

談慶「アハハハハ」

そもそも「老後」という概念のない落語の世界

　ふと、落語の登場人物との架空の会話の中で浮かび上がってきたのが、老後という言葉です。これは、明らかに落語の世界では存在しない概念です。

　現在の落語には、江戸時代後半から明治大正期にかけての日本人の価値観が反映されています。作者たちが思い浮かべて構想した作り話には違いありませんが、その時代の人々の考え方が凝縮、活写されているわけですから、一〇〇パーセントフィクションとはいえないところにすごさがあります。

　考えてみると、資本主義社会が発達し、会社勤めが前提となった時期から、老後という言葉が使われるようになったのでしょう。言葉は考え方を規定しますので、会社勤めを終えることに対して、定年という言葉をあてがった瞬間から、老後という言葉と考え方も生まれたと思われます。つまり、老後は定年とセットなのです。

　資本主義社会は、労働を要求します。「働かざる者食うべからず」という前提のもと、資本家は労働力の確保が何より重要となります。労働者が死ぬまで働かされていた時代から、さまざまな労使間の闘争を経て、おおむねの取り決めとして、「肉体の限界年齢」としての定年が決められました。

昭和期の定年は五十五歳でした。私の父親も十四歳で高等小学校を卒業すると、四十四年間働き続け、五十五歳で定年退職を迎えました。父の場合、永年勤続の余波というか、職場環境も今の時代とは比べものにならないほど劣悪だったこともあり、公害病ともいえる呼吸器系の病気を背負ってしまい、サラリーマン時代の後半は苦しんでいました。そんなこともあって、五十五歳で会社から離れることは、当然のような感じで受け止めていたものです。

よく考えると、定年という言葉には、一種の違和感を抱いてしまいます。「一定の年数、一定の年齢になると、そのコミュニティから離脱しなければならない」という強制力をふくんだ響きがあるからです。同時に、きちんと定年まで勤め上げた人たちに対してリタイアというのにも、首をかしげたくなります。リタイアは途中棄権を意味するからです。

「長年お疲れさまでした。もうこれ以上働かなくてもいいのです」という親切心から生まれたはずの定年が、「現場から退出しなさい」という強制終了的扱いを意味するリタイアとつながってしまうところに、老後という言葉の深い闇を感じてしまうのです。

「働けなくなったら、お迎えが来る」というのが、落語の時代の共通認識だっなかったように思います。

たのでしょう。ゆえに、老後という言葉も概念も、当然のことながら生まれなかったように思います。

そういえば、落語の中では、老後に近い意味で隠居という言葉を用いています。老後と隠居。似て非なる言葉であります。

「隠に居る」人をご隠居さんと敬称で呼ぶのに対し、老後を過ごす人に対して、老後さんというような言い方はしません。つまり、昔のお年寄りは、今より敬意を持たれていたのかもしれません。

譲るだけの家督があるというのと、平均寿命が短かった時代のこと、「高齢でも生きている」という希少価値ゆえ、敬老のごとく敬意を表されたのでしょう。落語の中に出てくるお年寄り、つまりご隠居さんには、そんな空気が漂っています。

医学も科学も未発達で、効率などという考え方とは切り離された世界から醸《かも》し出される匂いが、効率のみを追い続ける現代人の安らぎになっているのは確かな事実であります。

勝ち組、負け組という発想をやめよう

さて、老後とは定年制度がもたらした近現代のとらえ方だと申し上げました。言わば、かなりの右肩上がりの経済成長を見込むことができた時代に、「どうぞ最前線からお下がりください。あとは私たち若手がなんとかしますから」と、年配の方々に代わって若い世代が矢面に立つという、そんな世代交代を意味していました。とどのつまり、定年退職は、働く人と働かなくなった人とをセパレートする儀式でもあります。

ところが時代は変わりました。

平均寿命も延びて「人生一〇〇年時代」と言われるようになっただけではなく、なかなか上向かないこの経済低迷の最中、定年の延長が余儀なくされています。そして少子化がそれらをさらに促進します。高度経済成長期が短期決戦だとすれば、いまの低成長期は長期決戦。陸上競技でいうなら一〇〇メートル走からマラソンへ、野球でいうなら「夏の甲子園の高校野球」から「プロ野球公式戦」へと変換したような感じでしょうか。

我々を取り巻く環境が大きく変化し続けているのに、我々はというと、相変

わらず旧態依然《きゅうたいいぜん》とした短期決戦仕様の毎日を送っているような気がします。そのひずみがパワハラやいじめとなって降りかかっていることを考えると、極論すれば、そんなギャップが年間約二万人もの自殺者をもたらしているのではないかと推察します。

勝ち組、負け組という言葉があります。これも、考えてみれば罪作りな言葉です。「勝負は時の運」という、この国には昔からの素敵な言葉があるというのに、それを真っ向から否定して駆逐《くちく》してしまったような感さえあります。勝つ時も負ける時もあるというのに、世間の無邪気な人々を、勝ちか負けかの両極に分けてしまいました。むろん、優勝劣敗の言葉どおり、勝ちが優れていて負けが劣っているという認識のもと、この国は繁栄を重ねてきたのは事実です。

しかし、永久に勝ち続けることなんてあり得ません。あるとすればただの弱いものいじめです。また永久に負け続けるなんてこともありません。あるとすれば自らを卑屈《ひくつ》に見ているだけです。勝つか負けるかではなく、勝ちも負けも両方あるのがこの社会なのです。「他人の芝生は青く見える」なら、他人の目からは自分の家の芝生も青く見えているのが世間なのです。

社会全体が貧しかった時代、『長屋の花見』のテーマは、「貧乏を受け入れること」だったはずです。お茶をお酒と見立てたり、たくあんを卵焼きに、大根の漬け物をカマボコに見立てることで、貧乏を上手にやり過ごす知恵がそこに描かれていました。江戸狂歌にもある「貧乏をすれどもこの家に風情あり 質の流れに借金の山」の根底にある精神と同質です。体に感じる空腹を知恵でおさえこもうという発想でしょう。多くの落語家がそう演じてきました。

この『長屋の花見』に限らず、落語全般に言えることですが、現代において大切なのは、乏《とぼ》しさに耐えることよりも、物質面での競争からの脱却ではないかと、私は深読みしています。いやもっというと、物質面のみならず、あらゆる競争からの脱却こそが幸せになるための秘訣だと思っています。

談志は、**「落語のテーマは飢えと寒さだ」**と定義しました。

世の中全体が貧乏だった頃の風情が活写されているのが落語です。それにならって言うならば、この噺の登場人物は誰も貧乏を恥じていません。そこが、かえって清々しくさえ感じられます。

貧乏は、得てして、卑屈になりがちでみじめに見えてしまうものです。全面的に受け入れてしまえというのではなく、長寿と低成長がワンセットになった現在、「儲かる時ばかりではない。損をする時もある。だから儲からない時も笑ってしまおう」というおおらかな姿勢を、この落語から学んで欲しいと思います。

つまりこの噺も、「貧乏だった時代を懐かしみながら聞く」というのではなく、「もし、儲からない時があったとしても、こんな具合に見方を変えて、それ自体を楽しもう」という姿勢で受け止めていったほうが、より前向きになれるような気がします。

勝ち組、負け組は、「かわりばんこ」です。勝っている人の裏側には負けている人がいます。負けている人もいれば、勝っている人もいる。ただそれだけのことです。そんな勝ち負けよりも、むしろ老いて来たら、「引き分け」を目指すぐらいの感覚でいたほうが、ちょうどいい塩梅《あんばい》に落ち着くような気さえします。

まず引き分けだと、誰からも恨まれません。これは素敵なポジションです。イメージで言うと「いつもおじいちゃんが縁側の真ん中に座ってニコニコしている」ような感じでしょうか。それはきっと素晴らしい居場所になるはずです。安直な勝ち負けにこだわらなくなることで、精神的なゆとりをゲットすることができたら、勿怪《もっけ》の幸いでもあります。そんな佇《たたず》まいが年齢と共に積み重なっていけば、きっと社会から愛されるお年寄りになれるはずだと確信します。

競争からの離脱

競争からの離脱はいいことずくめです。極論すれば、勝者も敗者もなく、そこには永久平和がもたらされるはずです。

そのように物事を受け止めていくと（いや正しくは、そのような具合に物事を受け止める訓練を積んでいくと）、いつか自分が調子のいい環境になった時に、周囲から応援してもらいやすくなるはずです。短期決戦のデイトレイダー型の人生設計では、なかなかそんな心境にはなれません。

羨望《せんぼう》も怨恨《えんこん》もない落語の世界が、のんびり楽しいと感じられるのは、競争がないからというのではなく、競争を超越した空気感が醸し出されているからではないかといつも思います。

貧乏を笑うタフネスぶりが、いかんなく発揮されているこの『長屋の花見』ですが、前半は貧乏長屋一同、店賃を「まだもらったことがない」とまで言い張る与太郎をはじめ、アナーキーで強烈な貧乏エピソードが並びます。

さて、いわゆる老後世代の年長者の大家さんは、そんな彼らの中にあって、ゆるぎないおおらかさをもって存在しています。では、なぜ大家さんにこのようなおおらかさがあるのでしょう。

そのおおらかさの理由は、ズバリ、長屋の共同便所。当時は、人糞を肥料として買い取る下肥問屋《しもごえとんや》なる商売がありました。長屋の大家さんには、共同便所から得るかなりの収入、つまり、言葉の響きはあんまりよくありませんが、不労所得があって、そのあたりの懐具合が、大家さんを多少太っ腹にしているというわけです。

共同便所の人糞を近隣の農家に売り、近隣の農家はそこで無農薬有機野菜をこしらえる。そんな野菜を江戸に住む町人たちが消費する。そしてその彼らの体内を通過した物が再び利用されるという見事な循環を描いていたのです。

エコロジーとリサイクルを同時にやってのけていた江戸時代。ほんとムダがありませんよね。店子はある意味そんなカネの元を生んでくれている貴重な装置でもあったわけです。そうなると、いくら店賃を払わないからと言って邪険《じゃけん》になんかできません。

そんな金銭的余裕が背景にあったからこそ、大家さんは長屋の店子たちのめちゃくちゃな部分を受け入れることができたのでしょう。

おカネに余裕があったから、そんなおおらかな雰囲気になったのか、あるいは、おおらかな雰囲気が備わっていたからこそ、おカネにもゆとりができたのでしょうか。おそらく、そのどちらも当てはまるのではないかと思います。

大家さんは、長屋のオーナーである大商人から管理を委託された、いわゆる管理人。店子から犯罪者が出たら監督責任を問われます。そうなれば共倒れ、つねに、そうならないように上手な目配りをしていたはずです。上への窓口や折衝役を任され、場合によっては盾となって店子たちを守り、そして日々の暮らしにおいては、店子同士のもめごとの仲裁者ですから、まさに大家さんは老後のスーパースターです。

そしてその本領を発揮するのが、貧乏にあえぐ店子たちに、「景気づけに花見に出かけよう」と持ちかける洒落っ気ではなかったかと思います。そんな洒落っ気こそが、落語の根底に流れる江戸っ子の心意気そのものではないかと思います。

さらに飛躍させると、「集団的貧乏は年長者の茶目っ気で上品なガス抜きになる」というようなことも、この落語から感じ取れます。

深読みすれば、経済的にも精神的にもゆとりのある大家さんですが、かつては店子と同じように貧乏な時代があったのかもしれません。そして、そんな時にはやはり、洒落っ気あふれる大家さんに救われたのでしょう。だからこそ、今の風情があるのではないかと想像します。

人間は、自分が経験してきたことしか再現できない生き物です。「虐待《ぎゃくたい》を受けて育った子どもは大人になると子どもを虐待する大人になる可能性が高い」とあるいじめの本で読んだことがあります。かつて親切にされた順送り。これぞまさに順番を楽しむ生き方です。『長屋の花見』からは、そんな微妙な味わい方も学べるような気がします。ほんと落語って奥深いものなんですなぁ。

「見立て」という知性

それにしても、番茶を煮出して薄めた水を酒に、たくあんを卵焼きに、大根の漬け物をカマボコにと、改めてうまい見立てだと思います。遠くから見ればそれっぽく見えるから不思議なものです。

私の大学時代の友人で、ラコステの靴下からあのワニのロゴマークを切り取って安いポロシャツの左胸のところに縫い付けていたのがいましたっけ。よく考えたものです。パッと見たところでは、まるでわかりませんでした（笑）。

貧乏学生の涙ぐましい話です。

話は変わりますが、うちの近所のおじいさんは、プロテニスプレイヤーの錦織圭選手のことを、「あんなに有名になっても安物のユニクロを着ている。実は儲かっていないのではないか」と心配そうに言っていました。ユニクロと契約しているということを理解していなかったのでしょう。ともかくも、ロゴの持つイメージは大きいというお話です。


少しだけ飛躍させて「月のうさぎ」の話にしてみます。

月の表面の影は我々日本人なら誰もが「うさぎが餅をついている」と見ますが、ヨーロッパでは「女性の横顔」、そして中国では「カニ」ということになっています。同じ月なのに、かように違って見ているというのですから、国民性の違いはおもしろいものだとつくづく思います。

もっと手前味噌風に言うならば、女性の横顔にしろ、カニにしろ、それぞれ単体ですが、我々は「うさぎ」プラス「餅つき」というように「単体＋動作」と、より複雑化させて把握しているあたりに、日本人の感受性のきめ細やかさが現れていると思うのは、私の買いかぶりでしょうか。

否、落語が演じ手の口調、顔の表情、手振りを中心とした上半身のみで演じる芸であることと、それ以上に、お客さまが、そんな難解で微妙な演じ手から発信されるデータをもとに物語を読み解いていくところに落語の醍醐《だいごみ》味がある以上、日本人の感受性賛美は、あながち褒《ほ》めすぎとは思えないのが正直なところであります。

こういった、双方の信頼関係を基軸に作り上げられていったのが落語です。

『長屋の花見』の、手の届かない高価なものを手頃なものに置き換えるという見立ては、知性そのものです。しかも、登場人物インタビューでも述べたように、いまや高級番茶や無農薬のたくあんや大根の漬け物のほうが、それぞれ酒、卵焼き、カマボコよりも高価になってしまっている世の中であるというのに、かような現実との差異をあくまでもフィクションとして聞き入れてくれる観客側の知性もすごいのです。作者側の知性と観客側の知性との積、つまり掛け算こそが、このネタに限らず、落語の安定感の根本なのです。

見立てというのは、見方を変えるきっかけになるはずです。「なるほど！」というコロンブスの卵的発想そのものです。

これは、爆発的な経済成長は見込みにくいこれからの世の中において、かなり有効的な処世術になるのではないかと、私は密かに思っています。

具体例を述べてみます。

「横浜にウィンドをしに行ってくる」と思い切って友人などに伝えてみましょう。たいていの人は「年を重ねても、ウィンドサーフィンやっているのか」と誤解してくれます。実際のところは、ただ横浜にウィンドウショッピングに出かけるだけなのに、です（大学の落語研究会時代に作った古いネタで恐縮ですが）。善人である聞き手は「ウィンド」というと勝手にサーフィンとミスリードしてくれるものです。そして、さらに親切なタイプの人ならば「サーフィンまでやっているアクティブな人だなぁ。だから若々しいのですね」などとプラスの評価を付加してくれたりもします。


見立て笑いの効能は、庶民性の訴求でもあります。「あ、この人は自分たちと近いかも」と距離が縮まることで、より打ち解けていく可能性が芽生えてきます。何よりも、こういうソフトユーモアは誰も傷つけません。

考えてみますと、随所にこういうセンスがあふれているのが日本人の国民性なのかもしれません。これを食生活に活かしたのが、鴨肉の代用食として工夫された「がんもどき」、あるいは形状は刺身の「さしみこんにゃく」、カニ風味の「カニかま」などです。まさに『長屋の花見』的発想であります。

食中毒の関係で生食が禁止となった「牛レバ刺し」ですが、しばらくすると「こんにゃくレバ刺し」なるものがスーパーの店頭に現れました。レバ刺し好きで焼肉屋に行くと必ず注文していた私としては、即座に購入し、食べてみたのですが、味はともかくも食感だけなら本物と間違うほどのできばえでした。

魚肉ソーセージに至っては、テレビドラマ「古畑任三郎」の中で主人公が「ソーセージで一番うまいのは魚肉ですよ」と言うシーンが出てきて、その通り！と我が意を得たりと思ったものです（以来その一言で私はそんな脚本を書いた三谷幸喜さんを信じてしまっています）。

その場で手に入らないことを嘆いて、貧乏や飢えを憂《うれ》うのではなく、代わりになるものを開発して、それ以上のものをこしらえてしまうしたたかさ。スポーツで言うならば補欠がレギュラーより活躍してしまうような痛快感すらあります。

資源の少ない我国の気概は、そんな落語的考え方にあると私は信じています。

不マジメではなく、非マジメ

見方を変えるのは知性でもありますが、では、実際にはどうしたらいいのでしょうか？

大切なのは、対症療法的アプローチではなく、その知性を獲得しやすくするための体質改善です。いや、体質改善は肉体面にのみフォーカスしたことですから、体質というより心質改善。これは精神面の強化を意味します。

ここでうってつけなのが『長屋の花見』に代表される落語の世界観です。もっと言うと、「そういう考えもアリかも」という「許容する心」といった方がわかりやすいかもしれません。

この国に住む我々は基本マジメです。地震と台風が毎年矢継ぎ早に訪れるような国に住んでいます。生《き》マジメさは、そのような自然条件に対応するべく備わった知恵でもあるのです。生マジメな子は、同じように生マジメな親を見て、自分の子も生マジメになるように育てます。そして更にはその孫は……と言った具合に、ずっとＤＮＡに刻まれて連鎖《れんさ》していきます。

先日、日本人の行列好きについて特集したテレビ番組を見ました。それは、「きちんと列を乱さず並ぶ人気店の行列に、事情を知らない外国人がいわゆる横入りをしたらどうなるか」という企画でしたが、当の外国人には、お店側のスタッフがきちんと懇切ていねいに説明をし、最後尾に回ってもらうという配慮がなされていました。これを見た時、私はなるほどと思いました。あれを黙認していたら、他の客がお店側に怒りをぶつけたはずです。長年培《つちか》われた生マジメさには、そういう集団ヒステリーを未然に回避する知恵が備わっているのだなぁと、大げさかもしれませんが私はそう感じました。

「みんながガマンする」という行為の象徴が行列なのかもしれません。その番組でインタビューを受けていた外国の人々は、おしなべて「行列自体が嫌いだ。まずそんなところには並ぼうとはしない」と言っていたのが、日本人とはまさに対照的でした。

この生マジメさは、地震や台風などの自然災害時には強みとして発揮されます。東日本大震災や熊本地震における救援物資支給の整然とした行列のようすを、外国メディアの取材チームが絶賛していたのを思い出します。

「みんなでガマンしている」ことの象徴が、行列と考えてみましょう。

緊急時や繁盛店の行列は、ある意味、苦痛の分散です。「みんながガマンしている」ということで苦痛を分かち合い対応する行動ですが、私は「芸能人のブログなどでの炎上」にも、それと同じ匂いを感じます。

某有名女性タレントが以前、朝食のイクラご飯を、質素なご飯と自らのブログに書いたことで炎上しました。「これは質素ではない」「なんてぜいたくな」などなどと。これらに対して当の女性タレントがいちいち応戦したことで見事に炎上する始末となりました。

根底には、「自分を含めたみんながガマンしている」というのが前提となっています。それなのに、なんでこの人（自分たちとは違う生活をしているだろう芸能人）は、「イクラご飯を質素と呼べるようなリッチな暮らしを送っているのか」ということが炎上の原因、つまり燃料になっている格好でしょうか。その某有名女性タレントがその地位を得るまでに重ねてきた努力や苦労をまるで考慮していないのがすごいところでもありますが（そのイクラだって前の晩のおかずの残り物かもしれないのに）。

要するに、朝食でイクラご飯を食べることを質素とは呼ばない行列に並んでいる人たちから見れば、某女性タレントの言動はそこに横入りしているかのような印象を与えたということです。

何が言いたいのかというと、某女性タレントが批判的な書き込みにいちいち言い返したことは差し引いたとしても、各種SNSでの炎上は、日本人特有の同調圧力という生マジメさから発生しているのではないかと思うのです。いや、そう考えたほうが、どちらも許せるような気持ちになれます。

落語は、そんな生マジメさに好感を持ちながらも、どこかでクスッと笑うような作りで仕立て上げられています。日本人のDNA由来の生マジメさが原因で子孫たちが悩むことを予見した我々のご先祖さまが、「人間なんていい加減なものだよ」ということを訴えるために遺してくれたプレゼントこそ、落語なのかもしれません。やや逆説的な見方ですが、あながち間違いではないものと確信します。

マジメは美徳ですが、基本、他者を許容しません。それは突き詰めれば戦争へとつながりかねません。かといって、不マジメでは、もともとの国としての成り立ち自体が否定されてしまいます。災害後に暴動を起こさない装置としての生マジメさは、高く評価すべきですが、これからは、マジメ・不マジメではなく、非マジメな風情が大切ではないでしょうか？　落語の登場人物たちは、まさに、そんな非マジメ連中の許し合いの中で生きているのであります。

談志が定義した**「落語とは、人間の業の肯定」**は、非マジメから始まるような気がします。

非マジメのすすめ

さて、マジメとか不マジメの二元論ではなく非マジメと申し上げましたが、かく言う私は、かつて馬鹿正直＝くそマジメ型の人生を送っていたものです。中学から高校、大学時代は努力がすべてとばかりに、なにもかも丸暗記で挑んだものでした。

無論そのような不器用さや積み重ねを完全否定するものではありませんが、あくまでもマジメ一本やり路線は、受験、すなわち学生時代までのフェーズ（局面）においてのみ有効なのかもしれません。「学んだ事柄の中から出される試験」こそが高校や大学の入学試験や定期テストです。膨大な範囲から出題されるとはいえ、その範囲さえ押さえて頭の中に入れてしまえば、極論すれば対応できるのが各種試験です。

それはもちろん公平なシステムでもあります。その公平さと基軸に説得力を持たせて揺るぎない形で構成されたのが官僚制度です。家柄やコネなどを基本的に排除しているという意味では一般庶民の希望でもあります。

身分制度と封建制度に縛られていた江戸時代が終わり、明治へと舵《かじ》を切った当初、このシステムはさぞかし輝いていたことでしょう。「マジメに勉強さえすれば、誰もが出世できる」。それはそれで、すごいことでありました。

そんなマジメルートの最高峰が官僚トップである事務次官でしょう。食物連鎖でいえば猛禽類《もうきんるい》のポジションに君臨すべき人が、近年セクハラでその地位を追われてしまうというのも、なんともやり切れない気持ちになりますなぁ。

私が前座九年半という長い期間の下積みを食らったのは、談志からの「おまえはマジメすぎるんだ」というメッセージだったように思います。「シャレがわかる」という落語家としての大切な体質やセンスを身につけるのに私は手間取った格好ですもの。前座修業が短かった部類に属する志の輔師匠、志らく兄さん、談笑らと比べてみれば、一目瞭然です。いま振り返ってみると、前座期間を楽しむというよりは、「師匠を笑わせちまえ」みたいな茶目っ気があれば、きっともっとその期間は短くなっていただろうと思われます。

もっとも、天才児である談志の下で長い前座期間を過ごした経験こそが、そもそも本が書けるようになった大切なコンテンツでもありますので、一概に無駄だったと切って捨てられませんが。

いや、逆に見つめてみると、長い前座修業によって、非マジメ目線をゲットし、結果として、物事を多面的にとらえることができたということなのでしょう。

もしかしたら、非マジメに生きることは、したたかに生きることと同義語かもしれません。転んでもただでは起きないどころか、何かを得るために敢《あ》えて転ぶみたいな、いい意味でのズルさを意味します。

非マジメ思考は、まず許容が前提となります。「自分もいい加減なんだから、人のいい加減をも認めてあげよう」という了見です。だいたいにおいて、マジメな人は他人もマジメであると思い込みがちです。非マジメになると他者を許せるようになり、結果として笑いのセンスも身につくような気がするのです。

第2章

家族のカタチ

エピソード2　『芝浜《しばはま》』

熟年夫婦ならではの噺

酒に溺れる棒手振《ぼてふり》の魚勝は、その日も一日中飲んだくれていた。翌朝、女房に起こされ、しぶしぶ芝の河岸《かし》へ出かけるが、まだ暗い。時間をつぶしていると、波打ち際で皮財布を拾う。開けてみるとなかには大金が入っている。あわてて家に戻り、勘定すると四十二両《しじゅうにりょう》。「このカネで一生遊んで暮らす」と、また酒を飲んで寝てしまった。その翌朝、女房に起こされ、カネのことを話すが、「それは夢だよ！」と女房。「情けない夢を見たもんだ。俺は酒をやめる」。以後、人が変わったかのように商いに精を出す魚勝だった。

三年後の大晦日。表通りに小さいながらも看板を出す魚屋となった。除夜の鐘を聞きながら、女房はおもむろに皮財布を取り出した。「三年前、こんな財布を拾った夢を見た」「あれ、夢じゃないの！」。激昂《げっこう》する魚勝に、あの後、すぐ大家さんのところに行ったら、「一文でも使ったらおまえの亭主は罪人になるから、すぐに届けて、夢だったことにしちまえ」と言われ、嘘をついていたと詫びる。

お下げ渡しとなったカネを前に、魚勝は女房に礼を言う。女房は嬉しくなり、魚勝に酒をすすめるが、一口飲もうとして「よそう。また夢になるといけねえ」。

談慶が聞く　夫婦ってなんだろう？

談慶「おじゃまします。いま大丈夫ですか？」
魚勝「ああ、むさ苦しいとこだけどどうぞ。おい、かあちゃん、座布団を」
女房「ごゆるりと」
談慶「しかし、お二人、仲良しですねえ」
勝「仲良しだとよ」
女房「照れるよ」
談慶「あれからケンカなんかしてないんですか？」
勝「ほんとのこと言うとよ、俺はおかしいなとは思ってたんだよ、あのカネのこと」
女房「やっぱりそうだったのかい」
勝「ああ、いくら俺が大の酔っ払いでも、カネを拾ってきたのを夢だなんて、普通思わねえもん」
談慶「それ、言っちゃうと、この落語のおもしろみがなくなっちゃうんですが」
勝「だいたい後世の落語家たちが勝手に脚色しているだけだろ、落語なんて」

談慶「身もふたもないご意見ありがとうございます」

勝「ただな、女房が俺のためにウソをついてくれているというのは、やはり照れ臭いけど嬉しいもんだ。まんざらでもなかった」

女房「そうだったのかい、やっぱり」

勝「ありがとよ」

女房「……おまえさん」

（見つめ合う二人）

談慶「あの、私もここにいるのですが」

勝「そうだったな」

女房「（照れて）見て見ぬ振りって、優しさかもしれないね」

談慶「また深いテーマになりそうな一言ですね。僕らが生きているこの世の中は、ほんと世知辛《せちがら》いです。女性社員に『彼氏いるの？』と聞いただけで、時にはアウトになっちゃうぐらいの時代なんですよ」

女房「めんどくさそう！」

勝「夫婦ゲンカもできそうにないなぁ」

談慶「私の家では私が悪くなくても謝るようにしています。男の子二人はカミさんの味方ですから」

勝　「あははは、気遣い大変だな」
談慶「もう慣れましたけどね。ところで、あれからお酒は？」
勝　「飲むさ。飲むに決まってるだろ。あのオチ言った後な、こっそり二人で飲んでた」
女房「すべて夢にしちまえってね」
談慶「うわ、そっちのほうがいいオチだなぁ。ところであの後、四十二両はどう使いました？」
女房「どうする、おまえさん、その話」
勝　「いいだろ。もう時効だから」
女房「そうよね。あのね、談慶ちゃん。あの四十二両ね、皮財布ごと海へ流しちゃった」
談慶「ええ！　そりゃまたどうして?!」
勝　「いらねえもん。持ちつけねえもの持ったらロクなことはない」
女房「あのおカネのおかげでさ、いい夢見させてもらったもん。それだけでもう充分」
勝　「ああ。流れた皮財布はまた誰かのもとにたどり着く。それを拾った奴が、またそこで新しい芝浜を語り継いでいく。そう考えると、楽しいだろ？

夢があって」
女房「ほんとほんと。使い切っちゃったら、もうそれでおしまいだもん」
勝「ま。カネなんて、もともと誰かに渡すためのものだと思うよ」
女房「そうそう、カネは天下のまわりもの」
談慶「また新しい落語、新しい『芝浜』ができそうです」
勝「頼むぜ。談志に負けないようなの、期待しているぜ」
談慶「ありがとうございます。はい、夢で終わらせないように」

カミさんを大事にしよう

『芝浜』は、談志が生涯を通じて格闘し続けてきたネタでした。その集大成とも言うべきが、いまや伝説となっている晩年の有楽町よみうりホールでの『芝浜』でした。本人をして**「ミューズが舞い降りた」**と言わしめるほどのできばえでありました。魚勝の女房が、とにかく鉄火肌に描かれていたのが印象的でした。

談志のお別れ会でも、本人の不在を嘆き悲しむかのように、その時のＤＶＤ

が流されていました。いなくなった実感を持てないまま、ぼんやりと見つめていたのを、昨日のことのように思い出します。

　そこで、ふと、おもしろい見方をしてしまいました。

「師匠が演じた魚勝の女房って、威勢が良くてかわいくて、なんだか師匠のおかみさんによく似ているなぁ」と。


　談志は愛妻家でした。おかみさんの名前は則子さんで、その愛称ノンくんと、生涯呼び続けていました。弟子入りしたばかりの頃は、その溺愛《でき》ぶりにほんと戸惑ったものです。恥も外聞のないような感じで、色紙にすら「ノンくんは偉い」と、もらった人が戸惑うことを臆面もなく書いていましたっけ。

　師匠に愛され続けたおかみさん。ほんと生まれながらの天使のような人でもあります。

　私がまだ前座時代、根津の師匠宅で、とことんしくじり、「てめえなんざ、消えろ！」とまで怒鳴られて半分涙目になって帰って行ったところ、「ワコールさん！（私の前名は立川ワコールでした）」と呼び止められ、「パパね、朝からすごく機嫌が悪いの。こういう時、付いちゃったお弟子さん、ほんと、かわいそうよね。でもね、落語家さんはいつもニコニコしていなきゃ、ダメよ。これで下のたい焼き屋さんで食べてって。お釣りはいらないから。もちろんパパにはナイショね」と千円札を握らせてくれたこともありました。あの頃は、ほんと、おかみさんと師匠は、天使と悪魔みたいでもありました。

師匠とおかみさんが二人で過ごすべき空間でもあった根津の住まいはマンションでしたので、基本、師匠が根津に滞在している時は、弟子を呼びつけることはありませんでした。ですから、前座としては、師匠には極力、根津にいてもらいたいと毎日切に祈ったものです。

ところが、ごくたまに二人がケンカなんぞすると、師匠が長期にわたって一軒家である練馬の家に住むことになり、そうなると、師匠は基本さびしがり屋でしたので、前座は用もないのに呼ばれ続けたものです。

つまり、前座が圧倒的に怒られた場所は練馬だったこともあり、根津にはおかみさんも普段からいたこともあり、イメージで言うと練馬が前座の道場で根津が師匠の私的空間といった感じでした。

普通入門すると、師匠の家族からも、ワコールならワコールと子ども同様に呼び捨てにされるのが当然です。義理の家族として組み入れてもらうのですから自分もそれを覚悟して入ったのですが、おかみさん、娘さん、息子さんからはきちんと「さん付け」で呼んでいただいたものです。「おまえは俺の弟子なんだ。家族は関係ない」と言い続けていた師匠でしたが、その辺の優しさが救いとなって、こんなドジな私でも、落語家にさせてもらうことができたように思います。その辺は、師匠もご家族も徹底していました。

自身も伴侶を大切にしていると自負しておりますので、弟子の結婚式でも、はなむけの言葉として必ずこう言っています。

「いいか、結婚したら、別れるな。うちの一門は離婚率高いけどな。以上」。

いやはや「スピーチとスカートは短いほうがいい」という手垢《てあか》がついた表現ではありますが、まさにそんなスピーチでありますなぁ。

長い前座生活に別れを告げて、二つ目昇進のお披露目も兼ねて、もちろん師匠にも列席してもらう形で、我々夫婦も結婚式を挙げました。その折にも、師匠にその言葉を賜りました。うちのカミさんは感極まって泣いていました。

そんな師匠の寸鉄人《すんてつひと》を刺すような「別れるな」の言葉を守り続けてきたせいか、私たち夫婦は、おかげさまで円満であります。

「別れるな」というのは、実は、何気なく深い言葉なのだと思います。特に師匠の場合は、自らもそれを実践して人生を終えているのですから、これほど説得力のある言葉はありません。やはり落語の天才の放ったフレーズには、ものすごいパワーがあふれているような感じがします。

さて、結婚二十年にもなると、その「うまくいくための秘訣は」などと、たまに聞かれたりすることもあります。ここで持論ですが「うしろめたさを持つこと」と私は考えています。

浮気や不倫などではありませんが、旅先で女性がお相手してくれるような飲み屋さんには、誘われたら「敢《あ》えて」行くようにしています。その後もその女性からの営業メールなどにも絵文字で返事をしたりします。つまり、なんとなくカミさんには見せられないような「うしろめたさ」をせっせと貯めていくのです。

それを続けていくとどうなるのか。あら不思議、カミさんのたまに発生するわがままな言動に対して、許せるような気持ちが芽生えてくるのです。

だいたいケンカの元は、マジメです。「俺はこんなにマジメにやってるのに」「私はこんなにマジメなのに」とのぶつかり合いこそケンカなんですもの。「うしろめたさを蓄える」。これもずっと今回提唱し続けている「非マジメ」路線であります。

子どもとこそ「ロジカル」に向き合う

『芝浜』は夫婦二人だけの芝居ででき上がったウェルメイドな作品です。

一門の兄弟子の立川談四楼師匠は、あの三年経った大晦日の晩、亭主に懐妊を告げるシーンを盛り込んでグッと観客を引きつけています。このように、どんどん自分のオリジナル演出を取り込んでも構わないというのが落語の本当にすごいところです。このあたりが、楽譜通りに寸分の狂いなく演奏することを本分とするクラシック音楽とは、ひと味違ったところです。

「教えられたとおりではなく、自分の色を出し続けていく」「その場での空気を取り込んでアドリブも加味していく」。そういう意味で言うならば、落語はジャズに近いと言えます。ジャズ好きに落語好きが多いというのが、その証拠でもあります。

前項では、談志演じる『芝浜』の女房がおかみさんに似ていたと申し上げましたが、それをもっと深く考えてみると、「家族を持つことで、談志は芸も進化させていった」ととらえることができます。家族のエピソードを、よくマクラに取り込んでいたものです。

おかみさんが天使ならば、そのお子さんの長女、長男のお二人も、プライベートでも仲良くさせていただいていますが、ほんとうに優しいお方であります。これは、家庭というものをとても大切にしていた師匠が、きちんと愛情を注いだ積み重ねの賜物であります。自身がそんな姿勢を貫いたせいか、弟子がきちんと円満に家庭生活を送っているのを、目を細めて温かく見守っていました。

生まれたてほやほやの長男坊を師匠に見せにいくと、**「喋りはじめが一番かわいいぞ」**と言いました。長男の慎太郎さんに聞いたら、やはり同じことを言っていたとのこと。この一言も、師匠の教えとばかりに考えあぐねた結果、やや飛躍させますと、「子どもにこそロジカルに向き合え」と言っていたのではないかと仮説を立ててみました。

子どもは、その存在自体が魔力です。子煩悩《こぼんのう》というのは、悟りを開いたお釈《しゃ》迦様《かさま》ですら子どもの持つ本来的なかわいさの虜《とりこ》になりかけたという「子に対する煩悩」から派生したと聞きました（もろん、いまの世では、子煩悩は完全にいい意味で使われているのがおもしろいところですが）。

冷静に考えてみますと、「かわいい、かわいい」と子どもをかわいがるのは、極論すれば子どもの存在を無視した一方的な感情に基づいた行動です。ある意味、相手の立場を無視している傲慢《ごうまん》な態度にほかなりません。そうではなく、「喋りはじめこそかわいい」という師匠の考えは、たとえたどたどしくも、言葉を媒介させて、子どもなりにオトナたちと必死にコミュニケーションを取ろうとしている健気な姿勢を尊重すべきだという訴えに聞こえてくるのです。

何気ない一言ではありましたが、これこそ「談志流子育て論」ではないかと、今にしてそう思います。さすが言葉の世界の達人でありました。


私の真打ち昇進披露を三越劇場でやらせていただきました。その時のこと、師匠方の楽屋へ、当時まだ三歳の長男坊を挨拶に連れていくと、近くにいた野末陳平先生は「君、名前なんて言うの？」と一般的な問いかけをしたのに対し、師匠は「ああいう愚問には答える必要ないから」と一刀両断し、「あのね、君に聞きたいんだが、西武の親玉の堤さんがね、インサイダー取引やったことについてだけどね」と切り出しましたっけ。楽屋一同大笑いの瞬間でもありましたが、うちの倅《せがれ》にしてみれば、「自分を子どもだと差別せず、はじめてオトナと同じ会話をしてくれた人」と幼い脳裏に鮮烈に刻まれたはずです。

我が家も「子どもとの向き合い方は極力ロジカルに」をモットーとするようになりました。

昨年度さいたま市の作文コンクールで入賞した中三の次男坊は、そのせいか本が好きな子に成長しています。「パパの本、読んでみたい」などと言い出したので、何冊か読ませてみたのですが、「おもしろいけど、それを優先するあまり、やや論理の飛躍が雑かもな」と痛いところを平然と突いてくる生意気なガキになってくれています（笑）。

談志が倅を子ども扱いしなかったのは、言葉によるコミュニーケーション、つまり言葉の可能性を、とことん信じていたからこそでしょう。**「落語家なんだから言葉でわからせろ」**という意味なのだと思います。

ロジカルとは、合理的な考えを前提とします。つまり考え方の理屈さえ合っていれば、年齢や国籍、性別などを超越し、むしろ誰をも許容する公平さを保証します。理想ですが、ロジカルこそ平和をもたらすきっかけとなりうるはずです（ほんと、次男坊が言うように、いつも大袈裟な論調ですなぁ）。

子育ても修業なのかもしれません。世代を超えた層との向き合い方は、リアル子育てこそ、最良のテキストだと信じています。同時に、カネも時間もかかるという点においては、株以上の投資とも言えます。そして、その配当こそが老後ではないでしょうか。つまり、老後はそんなテスト結果が現れてくるのを待つ時間。そう考えていくと、ワクワクしてきますなぁ。

おおざっぱに生きてみる

談志門下に入門したのは、平成三年の四月十九日。私が二十五歳、師匠が五十五歳の時でした。

振り返ってみますと、七十五歳で惜しまれて逝った師匠とは、二十年間付き合った計算になります。そのうちの半分近くの九年半が前座だったことを踏まえると、師匠には、もっといいところを見せたかった……と悔いるのみ。そんな悔しさが原動力となっている私であります。

入門したばかりの頃、師匠は「俺も世間では定年を迎える年なんだよな」と言っていたものです。とは言っても、まだ壮年期。朝からステーキを食べているぐらい血気盛んでした。そして、毎日のように仕事をこなし、その合間に打ち合わせ、取材、そして映画の試写会と、傍に付いていた弟子が疲れ果てるほどのスケジュールをこなしていましたっけ。

いまから思うと、談志が老境への助走をはじめた時期に、私は師匠に入門したことになります。容赦なく迫り来る老い、そしてその後に訪れることになる病との闘いと、談志の身に起こるリアルな葛藤を、私はすぐ傍で見続けていました。そして、その何もかもを、私自身の芸の糧とさせていただいたように思います。いまとなっては、師匠が抱いていた悩みを観察できたという経験は、まぎれもなく私の財産となっています。


その頃、講演やマクラで談志が言っていたのが、**「年を取って、目が悪くなるということは、もう細かい字は読まなくてもいいってこと。歯が悪くなるってことは、硬い肉は食うなってこと。耳が悪くなるってことは、雑音は聞かなくてもいいってこと」**でした。つまり、これは談志流に解釈するならば、老化とは、一言で言うならば「もっとおおざっぱに生きてみたら」という、肉体から精神への提案のように思えなくもないのです。若い頃は考えられない耐性のようなものが芽生えてくるのが老化だとしたら、それは悪いことではないように思います。

私も五十歳を超えたあたりから、「ま、いっか」と思える日々になってきています。自分の失敗も許してもらいたいから、他人の失敗にも寛容になるという感覚でしょうか。「ま、いっか」は万能語です。

かつて小沢昭一さんは「落語は老人の芸だ」と言いました。なるほど落語はアバウトにできています。

前座の一時期、新作落語を作る際に参考になるかもしれないと、シナリオの学校に通ったことがありました。そこで親しくなったプロのシナリオライターに「落語はシナリオライターの目から見るとアバウト過ぎる」と言われました。

なるほど、映画やドラマの映像台本であるシナリオは、場所をはじめ、登場人物の年齢、職業、性格などなど事細かに設定して精密な地図を作らないと役者さんも演じることができないばかりか、監督はカメラもまわせません。それなのに、落語ときたら、「こんちは、ご隠居さんいますか」「なんだい、だれかと思ったら八っつぁんかい？　まあまあおあがり」と、いきなり説明もなく物語に入っていきます。ここで聴いている人が勝手に、落語家の口調や佇《たたず》まいから、八っつぁんの性格、ご隠居さんの年齢などなどを想像します。この発信者と受信者の想像の応酬こそ、落語の肝《きも》であります。

小沢昭一さんの言葉は、シナリオのような緻密さとはかけ離れた緩やかさを受け入れる老人のようなおおらかさこそ、落語の魅力だということのように思います。

実際、私の友人などは、「五十歳を超えてから、落語が好きになりはじめた」とよく言っています。これも、その裏付けになるような気がします。

つまり、設定自体は不完全でおおざっぱで、その隙間を観客が想像で補うことで、はじめて完成するのが落語なのです。


考えてみたら、『芝浜』はそんな落語の代表格で、どう考えても、物語は無理な設定の連続です。

そもそも、しっかり者の女房が、時刻を間違えるなんてドジを踏むわけありません。最大の無理は、四十二両という大金を拾った事実が夢だと思えてしまうことです。これなど、つじつまが合わない強引すぎる展開です。だからこそ、いろいろな落語家が、これらの矛盾をクリアしようと、さまざまな演出やアイデアを凝《こ》らすことができるのですが……。


設定が無茶でいい加減なのが落語の本分であるとするならば、極論すれば、非常にお客さまに甘えた芸ということができます。いや、上手にお客さまに甘えることができるかどうかが、芸の上手か下手かの決め手なのでしょう。

考えてみると、師匠は甘え上手でもありました。そんな師匠のわがままをお客さまが許してくださる空間が成り立つことが、落語という芸の素晴らしさなのです。

落語を聞くと、緩やかな、抜群に上手い整体師に出会ったような「ほぐされ感」に包まれます。落語本来の持つおおざっぱさに、お客さまもつられて一緒におおざっぱになるような、相互許容の間柄になれたら最高です。

「細かいことは忘れたよ、年だから」と言っても、ある程度許されるのがお年寄りの特権だとしたら、それに甘えてみましょうよ。案外世の中いい加減だと思います。

酒も仕事もそこそこに

最近は、訪日外国人が増えた影響でしょうか、落語会に海外のお客さまも増えてきました。

先日、日本語をほとんど理解できないアメリカの方を連れて来られたお客さまがいらっしゃいました。落語会の打ち上げの席で、「落語はいかがでしたか」と率直に聞いてみましたが、「意味は解らなかったけど、表情とリズムとメロディがおもしろいと思った」と感想をいただきました。私も落語家らしく、そして日本人らしく、「今日の落語とかけまして、お洒落な商店街と解きます。その心は、テンポ（店舗）がよかった」となぞかけで答えたところ、通訳の方のツボだったとみえ、たいへん喜んでくださいました。当然のことながら、アメリカの方には、いくら説明してもまったくわかってもらえませんでした（笑）。

やはり、笑いの共有化というのは難しいモノなのかもしれませんなぁ。特に地口《ぢぐち》（語呂あわせのような言葉遊び）やダジャレというのは、あくまでもドメスティックなものであります。

さて、アメリカにはスタンダップコメディというジャンルのトーク芸があります。一人で大勢に向かって喋る構図は落語とまったく同じです。

日本スタンダップコメディ協会の会長の清水宏さんと仲良くさせていただいていますが、スタンダップコメディを一言でいうなら「I think」とのことでした。つまり、「私はこう思う」「俺はこう考える」という展開で話されている内容ならば、すべてスタンダップコメディだということでした。なるほどと思いました。

まさにデカルトの「我思う故に我あり」の体現そのものです。まず、疑い得ない個の確立を唱えて成立していったのが西洋文明でした。基軸を自分に置かないと、いろんな民族があふれているような国では生きていけないはずです。

清水さん曰く、「自分がこう思うんだというロジックにのっとった発言で、それに説得力があるのならば、キャリアやしゃべりのテクニックの巧拙《こうせつ》は問わないのがスタンダップコメディのすごいところだ」と。

やはり「ロジカルは公平」であります。理屈さえ合っていたら、幼稚園児でもできてしまうというのがスタンダップコメディの魅力なのでしょう。

私も、清水さんや日本スタンダップコメディ協会副会長のぜんじろうさんらにお声がけいただき、何度かスタンダップコメディの舞台に立たせていただいています。落語のマクラを独立させたような、立って喋る漫談のような感覚でしょうか。普段の高座とは違う筋肉を使っているような手ごたえを楽しみながら、挑んでいます。

ちなみに、こんなスタンダップコメディを日本にいち早く導入しようとしていたのが、立川談志でした。ほんと、談志は時代の先端を走り過ぎていたのかもしれません。

いま駆け出しの前座さんから大看板の真打ちに至るまで、みな時事ネタをマクラに振ってから本題の落語に入るスタイルを取っていますが、それを落語界で最初にやってのけたのが談志でした。談志以前の落語家は、たとえば子どもが出てくる噺なら「小児は白き糸のごとし、と申しますが」とか、『饅頭《まんじゅう》こわい』ならば「十人寄れば気は十色、などと申しますが」と言った具合に、古典落語に応じて昔ながらの紋切型のマクラが決まりごとでした。

やはり、天才児は業界の流れ自体を変えてしまうものなのですなぁ。

さて、最初に自分の価値観ありきで論理的に攻めるのがスタンダップコメディだとしたら、落語はそれとは真逆の世界を展開します。

スタンダップコメディが「I think ＝ 俺はこう思う」だとするのならば、落語はさしずめ「いや、おまえはそういうけど」の、いわゆる他人目線ででき上がっていると言えます。そんな「向こうから見たら、こっちはそう見えるのか」の見方こそ落語の肝です。

『芝浜』なんかは完全にそうですよね。女房から見たらやはり魚勝はおかしく見えるし、魚勝から見たら女房は妙に思えるものです。そんな相互ギャップが笑いや涙の元となっています。

こんな落語的な考え方で世の中を見つめてみるとどうでしょう。正しいと思っていたはずのものも、案外間違っているように感じたり、間違いだと確信していたものが結構正しいように見えてきたりします。

何が言いたいのかというと、物事には、落語的で複眼的な見方が大切なのではないかという提案です。

例えば、です。

「一生懸命働き続ければ右肩上がりの世の中になる」という昭和の考え方は、あの時代だったから正しかったわけで、現代《いま》の不況がおかしいのではなく、あの頃の頑張れば成果が出た時代の方が、むしろおかしかったのでは……という具合に、思考の軸を移してみたらどうでしょうか？

「酒は百薬の長」であり、「命を削るカンナ」でもあります。どちらの見方が正しいのではなく、どちらも正しくてどちらも間違っているのです。

『芝浜』の魚勝は、ある意味、仕事で頑張り過ぎたから酒に溺れてしまったのかもしれません。もっとも、だからこそドラマとしての『芝浜』に迫力が出ているのですが、現実は、やはり「過ぎたるは及ばざるがごとし」。酒も仕事も女性もそこそこに。これが老後を生きる秘訣になると、私、密かに信じています。

ウソは相手のためのもの

『芝浜』は、ある意味ウソがテーマの夫婦の話です。一言で言うなら、女房が亭主のためにウソを貫く美談であります。「実際に大金を拾ってきた亭主を、それが嘘だと信じ込ませてしまった葛藤を持ち続ける女房の苦悩」がテーマです。

かような美談臭を必死で消そうとしていたのが、談志でした。談志以前の『芝浜』は、昭和の名人と評価された桂三木助師匠の『芝浜』に代表されるように、「亭主思いのよくできた女房」という演出でありました。そして、それに似せて語ることこそが落語のテクニックであり、評価の大半を占めていました。

「いや、そうじゃねえだろ」。談志は口癖のようにつぶやいて落語と格闘し続けていました。**「落語とは、人間の業の肯定」**と、自らの定義に照らし合わせれば、よくできた女房が亭主を立ち直らせるだけの噺だけにしてよいのかと、つねに日々の高座で実験し続けていました。

天才肌の師匠は、一言で言うならばアップデートの人でした。日々、猫の目のように言うことがコロコロ変わっていたのが何よりの証拠です。このようにして日々を過ごすことは、かなり過酷だったはずです。悩み、もがき続ける師匠の姿を、私たち弟子にもずっと見せ続けていました。いま振り返ると、それは相当なる自信の裏付けだったはずです。

談志は、最大公約数のみを追おうとする守りのスタイルをとことん否定し、つねに更新し続ける姿勢を貫きました。時には意図した演出ができず（というより、観客の笑いの嗜好《しこう》とのギャップに悩むというのが正確でしょうか）、空中分解するようなケースも多々ありました。晩年に近くなると、そのような場面が増えました。「三振かホームランか」。客席の談志マニアの間では、それを許容する空気がいつしか漂うようになっていました。

私は前座の期間、談志が落語と命がけで向き合う姿を傍でずっと見つめ続けていましたが、言うまでもなく、その三振とて、凡百の落語家のホームランに匹敵するようなときめきがあったのは事実です。何度も申し上げていますが、最晩年のあの「よみうりホールでの伝説の『芝浜』」は、そんな辛い積み重ねの毎日の満期の日、芸術の神さまからのご褒美だったのでしょう。

ところで、ウソって一体何でしょう。

入門後しばらくして**「世の中は実より虚だ」**と談志が言い続けていた時期がありました。**「実在するものより、実在しないもの、真実よりウソこそが世の**

中の根本だ」と。

「虚実皮膜《きょじつひにく》」（浄瑠璃《じょうるり》注釈書『難波土産《なにわみやげ》』に収録。穂積以貫《ほづみこれつら》の筆とされる近松門左衛門の聞き書き「虚実皮膜論」）という言葉があります。芸の真実は、虚構と事実との間の微妙なところにあって、虚構があることで真実みが増すという意味です。

談志が敢えて強調したのは、実よりも虚が前にあるということで、当時、親しくしていた心理学者の岸田秀先生が唱える唯幻論《ゆいげんろん》の向こうを張るような格好で、唯虚論《ゆいきょろん》のようなものを唱えていました。

確かに、まず虚ありきです。手紙やメールでも、まず時節柄の挨拶と相手を敬う雰囲気から本題に入ります。ウソとは言い切れませんが、事実や訴えたいこととはあんまり関係のないところから切り出します。つまり、核心部分は後から訴えるのが世間であります。

考えてみると、確かに事実や真実は目を背けたくなるものがほとんどのような気がします。

サラリーマンの場合ですと、会社の業績しかり、上司からの査定しかり、そこから算定される給料しかり、そこから派生し規定される居住地、そして住む家などなど。理想は西麻布に住みたいけど実際は西八王子で、森泉さんみたいな奥さんをもらいたいのに、現実は森三中という（笑）。

談志はここで、さらに、

「現実が事実だ。そして現状を理解、分析してみろ。そこにはきっと、なぜそうなったかという原因があるんだ」

と、よく弟子たちには冷徹に言い放っていました。現実はとてもシビアです。それに対して理想は実現させない限りあくまでも虚＝ウソであります。

逆に言えば「現実は、リアルに向き合うには、とてつもなく厳しいものだから、それを緩和させるために世辞や愛嬌がある」という仮説が成り立ちます。そして、そんな世辞や愛嬌を笑いと共に学べるテキストとして落語があると考えてみると、ウソは「相手のためを思う優しさ」にも見えてきます。

ウソである世辞や愛嬌を身につける姿勢こそ処世術です。それをまっとうし、ビジネスに活かすことができれば、多大なるマーケットがそこに展開するはずです。それこそが、相手を思いやる優しさではないでしょうか。そう考えると、まんざらウソは悪いものではない。いえ、なかなかいいもんじゃないかと思えてくるから不思議です。

私たちは「ウソはいけない！」と、小さい頃から育てられて来ました。確かに相手をあざむくウソはよくありません。しかし、ウソはダメなものとすべてを断罪するのではなく、正視できないものを見るためのワンクッションとしてのウソならば、必ずしも否定すべきものではありません。

そういう視点から考えてみると、『芝浜』の女房のようなウソは、つまりは、太陽を観察する際のサングラスみたいな存在。あそこで事実をしゃべったら、果たして魚勝は立ち直ったかは、はなはだ疑問です。

目の前にあるウソで誰が幸せになるのか。厳し過ぎる現実から目を逸らさせるためのウソではなく、相手が読解力を身につけるまでの暫定的な措置としてのウソならば、認めてあげたいなと思います。それが人生を長く生きている老後の人たちの務めなのかもしれません。

夫婦はサンプリング

談志が三木助師匠流の『芝浜』に、名演としてのときめきを感じたのと同時に違和感を覚えたのは、やはり、談志は現代を生きる人だったからでしょう。

口へんに新しいと書いて噺。この字には、つねに現代性を反映させたいという思いがあったはずです。

落語は伝統芸能ではありますが、つねにアップデートさせていくべきものなのです。三木助師匠と談志との差は、明治生まれの名人と昭和生まれの名人との差でもあります。

『芝浜』の女房にフォーカスするならば、夫唱婦随《ふしょうふずい》のよくできた女房を良しとした時代から、亭主のためについたウソをずっと悩み続ける女房をかわいいと思える時代に、価値観は変遷したのです。男と女に対する考え方ですら、時代時代によって変わっていくものなのです。

談志が現在の価値観を反映させることで、最高の『芝浜』を作り上げたとしたならば、平成、そしてその次の元号を生きる我々を含めた次世代の落語家たちが、さらに時代性を織り込み、リアルタイムでいいものを作り出し、世情や時代の価値観を敏感に反映させていくことが、落語の繁栄に結びつくという、見事な帰結をここに記したいと思います。言うまでもなく、『芝浜』に限らず、これはすべての落語に対する向き合い方でもあります。

男と女。人類の永遠のテーマなのです。

いま五十代の前半の私は、言わば老人になるための助走期間でもあります。いまのうちから既存の概念に囚《とら》われないように、多種多様な考え方、価値観を受け入れる準備をしていきたいとつくづく思います。

かといって、いきなり一八〇度変えてしまうのは無理があります。さしあたって、いまだに各方面にはびこる男尊女卑的思考を捨てるところからはじめてみるべきでしょう。極論すれば、各業界で問題となっているセクハラの根本原因は男尊女卑的思考にあります。男尊女卑的思考は、言い換えれば「力のある奴が権力を握ることを無条件に肯定する姿勢」でもありますから、それがなくなれば、必然的にパワハラも減少していくはずです。

談志はフェミニストでした。そして、女性に対してジェントルマンでした。おかみさん思いでしたし、前座時代の私の妻が出した手紙にも、必ず返事を書いてくださいました。また、**「男にできて女にできないものなんて、ない。男が勝手に作ってダメになったのがいまの世の中なんだから、女が変えていくしかないだろう」**とも、つねに言っておりました。

そんな師匠の影響を受け継ぐような形で、おかげさまで我が家も夫婦円満であります。夫婦円満ならば、家内安全は保障されたようなものです。あくまでも現時点での状況ではありますが、とにかくカミさんを大事にするところから、男尊女卑的思考をなくしていく所存です。

夫婦こそ、男と女の象徴でもあります。カミさんを通して現代の女性の価値観を学ばせていただいていると思えば、何より自分が成長できそうな気さえします。

最近、悟った事例の一つに、「めんどうくさい女性は存在しない。女性はみんなめんどうくさいものだ」というのがあります。カミさんだけがめんどうくさいものではなく、女性全般がめんどうくさいものだというように発展させて考えることができれば、全女性に対して優しくなれるような気がします。これは進歩です。

もしかしたら、夫婦というのは、実験途上のサンプリングかもしれません。私はカミさんという一つのサンプルを通じて、女性の全体像を把握しようと努力すべきなのです。無論、カミさんの場合は、私を通じて、世の男性陣の考え方に触れていくという、相互サンプリングこそが夫婦の理想であって、サンプリング実験の日々を送る中で、お互いが夫婦として成長していくものだと思います。

人間は自己完結していません。男と女の相互理解に基づく生殖行為がないと子孫を次世代に残せないのが何よりの証拠です。自己完結していないということは、男も女も単独では不完全な存在であります。不完全な個同士が、ユニットを組んで完全を目指していく間柄こそが夫婦。そして今後は、異性のみではなく、同性のカップルも増加する時代になっていくのでしょう。

「夫婦はサンプリング」という発想は、たとえケンカしても、実験途中だからと相手を許せるような心持ちにもなりますし、二人で励まし合ってもっともっと上のステージへ昇っていけるようにも思えて来ます。

無論、ではありますが、浮気や不倫は、単なるサンプリング過多とでもいえば罪が軽くなるわけではありませんから注意しなければなりませんよ（笑）。

第3章

あっぱれ！老人力

エピソード3

『小言幸兵衛《こごとこうべえ》』

ガンコと妄想は特権という噺

　麻布古川の大家の幸兵衛さん。のべつ小言を言っているので、ついたあだ名が小言幸兵衛。

　豆腐屋が空き店を借りに来た。口のきき方が乱暴なので、どうにも気に入らない。子どもはいないというので、「そんな女と別れて独り身になって引っ越してきな。もっといい女を世話してやる」と言って、怒らせてしまう。

　次に仕立屋がやってくる。言葉づかいもていねいで幸兵衛も気にいるが、色男の二十歳の倅《せがれ》がいると聞いて小言がはじまった。「この筋向こうに古着屋があって、そこの一人娘の今年十九になるお花と、おまえの倅《せがれ》が仲良くなり子ができてしまう」と妄想がふくらみ、「心中すると困るからおまえにも貸せない」。

　三番目に飛び込んできたのは、威勢のいい男。「やい、家主の幸兵衛ってのはてめえか。あの先のうすぎたねえ家を借りるからそう思え。店賃なんぞ高えことォ抜かしやがるとただ置かねえぞ」「いや、おまえさんの商売は？」「鉄砲鍛冶《かじ》よ」「なるほど、道理でポンポン言い通しだ」

談慶が聞く　カッコいいジジィの法則

談　慶「ごめんください。麻布の物件でお伺いしました」
幸兵衛「はい。どうぞ。こちらへ。どちらさまですかな？」
談　慶「あ、立川談志の弟子で、談慶と申します」
幸兵衛「おッ君か。談志の弟子の談慶君ッてのは。さあさあ、座布団を。おい、ばあさん、お茶を入れておくれ。いやあ、談志の弟子なら喜んでお貸ししましょう。いやあ、いろんな落語家がいるけれども、あたしゃ談志が一番好きだ。『**小言は大事だ。俺は小言で物を言う**』なんて落語家は、あいつだけでしたからな」
談　慶「はあ、ありがとうございます。師匠は、いつも俺は教育者じゃないから、小言を大事にすると言っていました。幸兵衛さんをリアルに再現したのが師匠でしたよ。僕らは談志の小言で育てられました。言ってしまえば、幸兵衛さんが談志の師匠、つまり僕らからしてみれば大師匠みたいなもんですよ」
幸兵衛「そんなことまで言ってくれるのかい。嬉しいなぁ。おい、ばあさん、この談慶くんに、虎屋の羊羹な。「おもかげ」があったろ。え？　食べちゃって箱しかない？　じゃあ箱だけでいいから持っておくれ。いやぁ、気持ちだけ、箱だけ置かせてもらうよ。そうかい。いやぁ、実は、どの落語家も、私とはそんなに深く付き合ってくれないんだ。めんどくさがって。談志だけだったよ。あなたみたいな落語家の人に貸したかったんだ。あの麻布の物件でいいかい？」

談　慶「はい。いまの世の中だと、麻布は都心と言って、とても便利なので助かります」

幸兵衛「そうかい。いや、詳しいことはわからないけど、使ってもらえるならありがたいなぁ。何しろ、落語家が店子になると、うちのまわりも明るくなってね。毎日が楽しくなりそうだからなぁ」

談　慶「そう言ってもらうと嬉しいです。最近は本を出していまして、出版社との打ち合わせが増えて、どうしてもこちらのほうが便利なんで、仮住まいして、一人で物書きしたり、寝泊まりしたりできる空間が欲しかったんです」

幸兵衛「ああ、あそこを一人で本を書くために使うつもりかい？」

談　慶「はい」

幸兵衛「おまえさん、ご家族は？」

談　慶「さいたま市の南浦和にカミさん、そして子ども二人がいます」

幸兵衛「ああ、そうかい。一人であそこをな。おい、ばあさん、お茶はいいや。風向きが変わった。やっぱりおまえさんにはあそこは貸せないな」

談　慶「はぁ？　何かまずいことありました？」

幸兵衛「いや、おまえさんがあそこに越してくると、この長屋の連中はますます働かなくなる」

談　慶「どういうことですか？」

幸兵衛「しらばっくれやがって。家族で住むならまだしも、一人で住んで、あそこに張り付いて本なんぞ書かれてみろ。思い出したぞ、おまえ、そういえば与太郎の本出しただろ」

談　慶「はい。それが何か？」

幸兵衛「与太郎のヤツは、それでいい気になって、『あたいは未来の本の主人公だ。しかも印税入って儲《もう》かるんだ。働かなくてもいいんだ』という思い込みで、ますます働かなくなっちまった。おまえがあそこで本なんぞ書いていてみろ、長屋の体たらくたちが集まって、次は俺を書けと、与太郎みたいなのがどんどん増えてえらいことになる」

談　慶「あッ、それ、妄想ですよ」
幸兵衛「妄想なんかじゃない。未来予測だ」
談　慶「また、何気にうまいこと言って」
幸兵衛「おだててもムダだ。だいたい、いままでがまんしてきたけどな、俺は正直、落語家が嫌いなんだ。うまいこと言おうとしていい気になって、額に汗して働きもしないで落語やっているんだろ？」
談　慶「それは、確かに真実ですけど……」
幸兵衛「とっとと帰れ。おまえには貸さない！」
談　慶「わかりました」
幸兵衛「何がわかっただ？」
談　慶「あなたが言っているのは小言ではなく、大事《おおごと》なんですよ」
幸兵衛「誰がうまいこと言えと言った。俺はうまいこと言おうとする奴が大嫌いなんだ」
談　慶「いや、もっともっとおもしろいこと言いましょうよ。シャレみたいなことを」
幸兵衛「バカ言え。そんなことなんか言えるか。だいたい俺がシャレなんぞいうと骸骨みたいになっちまいそうだから言わないんだ」

談慶「え、それどういうことです？」
幸兵衛「シャレ幸兵衛」
談慶「最後に、うまいこと言いやがって、このジジィ！」

小言で教育していた談志

小言というものは、一般社会においては、言う側はともかく、言われる側はたまったものではありません。ましてや、現代ですと、即、それがパワハラ案件になりかねません。したがって、言う側が、かなりのリスクを負う行為でもあります。

大学の同期などとの飲み会で「俺たちの若い頃は、不合理に上司に小言を食らいながら育てられたもんだよなぁ」などという話をしますが、「いまの若い者は」という言葉は、世代を超えて使われ続けるロングセラーの流行り言葉でもあります。

会社員時代の上司から言われた小言を、私はいまだに覚えています。キツイ思い出ばかりです。

しかしまあ、そんな小言を名前の頭に付け、なおかつキャラクターとして認知をさせてしまったこの家主、なかなか大したタマであります。

むろん、落語はフィクションですが、そのモデルとなった人は絶対にいたはずです。

ここで家主について調べてみました。家主＝大家と言っても、立場としては単なる雇われ管理人。しかし、町役を兼任していたので、かなりいばる人もいたのではないかと想像します。また、万一、長屋から不祥事を出した場合、長屋の連中と共に連帯責任を負わされたことから、店子に対するチェックが厳しくなるというのは、当然のことでもありました。そのようなわけもあって、いばるキャラクターの最右翼は、『大工調《だいくしら》べ』に出てくる因業《いんごう》大家といったところでしょうか。

つまり、家主は恒常的に小言を発信しがちな立場であったとも言えます。そんな独特のシステムを誇る江戸の町が作りだしたキャラクターが小言幸兵衛なのでしょう。

小言は、その字のとおり「小さな言葉」で糾弾するミクロ的な責め苦です。

談志もそうでしたが、年を取ると小言を言いたくなるように思います。老眼とは真逆で、細かいところにも目がいくのかもしれません。もしかしたら、細かい字なぞが読めなくなってきたという体力の衰えが、細かい字もきちん読めて、体力も有り余っている若い世代へと矛先が向くのかもしれません。

いずれにしても、小言は老人に似合う行為です。そんな老人たる幸兵衛さんも、言うべき対象ではない猫にまで、その小言をぶつける徹底ぶりです。もはや小言の発信は日々のルーティンとなっています。

人一倍感受性が強く神経も鋭敏だった談志は**「俺は教育者ではない。小言でモノを言う」**とずっと言い続けて来ました。私も、入門した当座はそれに悩み、打ちひしがれる日々が続きました。

ある日のことです。前夜、酒も入って楽しい打ち上げを終えた師匠が、気分もよかったのでしょう、たった一人で付いていた私に、

「遅くなるから帰っていいよ」

と、珍しくにこやかに言うので、私も言葉を選んで挨拶して帰りました。

ところが翌日、私の顔を見るなり、師匠はいかにも不機嫌そうに言い放ったのです。

「お先に失礼しますじゃない！　お先に失礼させていただきます、だッ！　馬鹿野郎！」

と、いきなり食らったこともありました。

「そんなに違うことかよ、ふざけんな！　たいして違わねえじゃねえかッ！」

と、私は心の中で密かに叫んだものでした。

そんなこんなで機嫌が悪かったこともあり、一〇分ぐらい怒られ続けました。

師匠はいつもそうなのですが、激怒すると反動で案外優しくなります（ほんと両極端でした）。

「いいか、おまえは、なんでそんな細かいことまで言われなきゃいけないんだと反感を持つだろうがな、これが俺のところのやり方なんだ。落語ってな、そんな細かいところから作られてるんだ」と諭されました。

いまから思うと、

「俺は小言で発信するのだから、受信者側であるおまえたちがきちんとその真意を受け止めて、解釈してみろ。それが立川流の修業なんだ」

ということを訴えたかったのでしょう。つまり、「大切なのは受信者側の読解力なのだ」と、言いたかったのだと思います。

もっと言うと、そんな受信者側の読解力を信じていたからこそ、あれほど厳しい小言を僕らにぶつけてきたのかもしれません。「かなりの読解力を要する俺の落語に惚れて入門してきたおまえらならば、俺の小言だってわかるだろ」とばかりに。

入門してから三〇年近くも経ったいま、あの頃の日記を読み返してみて、談志の真意がようやくわかってきたような気がします。

談志が弟子を信じる構図は、そのまんま、読解力をフルに働かせて落語を聞いているお客さまを信じる構図と完全に一致します。落語会の会場では、落語家がお客さまを信じて、お客さまも落語家を信じるという、相互関係がまず大前提です。

「いい落語を聴くと、いい気分になる」なんてことを、よくお客さまからお聞きしますが、きっとそれは、そういう信頼し合う空間と時間がもたらす余禄なのかもしれません。

「信」という字は「人の言」と書きますもの。言葉を介在させて信じていく中で、この社会、この国が築かれていったことに想いを馳せると、ますます落語が大好きになっていきます。

「厳しい小言は、俺がおまえたちを信じていた証拠なんだぞ。そこまで言わせるなよ」。今となっては確かめようもありませんが、あの世からそんな師匠の、優しくなった小言が聞こえてきそうです。

小言は大事な老化現象

体力的な衰えにブレーキをかけようと、私はもう十年以上もウェイトトレーニングに励んでいます。週三回から四回、近所のサウナ付ジムでうなり声をあげていそしんでいます。おかげさまで、若い頃よりパワーアップし、筋肉も付き、毎日快調の日々を過ごしています。まさに筋肉は年をとっても成長する最高の臓器だと確信しつつ、同じジムで高齢の方々が汗を流しながら結構重いバーベルを挙げたりなんぞしてるのを見ると、自分もますます頑張らねばと刺激を受けます。今私は体力的にも充実し、精神的にも万全。健全なる精神は健全なる肉体に宿るのでしょうか。今が一番楽しいと言っても差し支えないほどです。喋る場所はもちろん、こうして書く場所も与えていただき、ありがたいことに。それを支持してくださるお客さまもいてくださいます。

この感覚をわかりやすく言うと、若い頃は見えなかったものが見えてきた感じということだと思います。最近ますます落語が楽しくなってきたのです。昔は（いや、昔というよりつい最近まで）、覚えて喋るのが精一杯で、いわゆる間の取り方なぞ二の次でした。それが、近頃はやっと、お客さまが笑い終わるまで待つという間の取り方がわかってきました。これも一つの老化という名の成長かもしれません。

よくプロ野球選手が、「若い頃できたことができなくなって、引退を決意した」などと言いますが、落語家の場合は真逆で、「若い頃できなかったことが、キャリアを重ねるにつれてなじんでくる」といった感があります。まさに落語は「老人の芸」であります。

かつては見えなかったものが、だんだん見えてくるというのは、老化現象の代表＝老眼とは正反対なのかもしれません。前座の頃にはできなかった（キャラクターが合わなかった）落語が、歳月を経ることで、やがてこなせるようになるというのは、伝統芸の奥深さそのものです。いや、落語だけではありません。こうして本が書けるようになってきたのは、過去の経験を多面的に見ることができるようになった証拠でもあります。

うまいことを言おうとしている人たちが、「過去と他人は変えられない。自分と未来は変えられる」などとＪポップの歌詞みたいなことをＳＮＳなどでつぶやいているのを見かけますが、果たして本当にそうなんでしょうか？　確かに過去は変えられませんが、受け止め方は変えられると思います。

忘れたいほどの、顔から火が出るようなしくじりだらけだった前座時代は、捨ててしまいたい思い出であり、この歳月はそのまま「談志にまったく認められない恥ずべき時間」でもありました。優秀な兄弟子たちは、おしなべて短期間で前座をクリアしているのが何よりの証拠です。

だからこそ、自分は、「何をやってもうまくいかないような迷走状態の若い人たち」に向けて、具体的なアドバイスができると確信しています。実体験ほど説得力のあるものはありませんもの。失敗だって積み重なれば財産になるという見本です。見方を変えれば宝物です。「捨ててしまいたい思い出」が、現に今は「抱きしめたい思い出」へと変換しています。

さて、そう考えると、幸兵衛さんの小言も、「別方向から見た細かいアドバイス」ととらえることができそうな気がしませんか（言われた当人はたまったもんじゃないでしょうが）。

談志が、**「俺は教育はしない。小言を言うだけだ」**という接し方を貫いた結果、立川流創設後に、志の輔・談春・志らくと言った落語界をになう先輩たちが羽ばたいていったことを踏まえると、うなずかざるを得ないはずです。

受信者側の感受性が大前提ですが、そういう意味では、小言は大事な老化現象だと確信します。老いてくるからこそ見えてくるものがあります。とかく若い頃は自分の目の前のことしか見えていません。自分の立場からしかモノを見られないからこそ行き詰まるものであります。年を重ねると、その年の分、高い位置から眺められる、つまり俯瞰《ふかん》で把握できるような感覚がともなってきます。またあるいは老獪《ろうかい》ともいうべきやり方で、抜け道やまわり道を模索してしまうものであります。中国語で老師といえば先生を指す言葉で、決して年齢のことではないというのがまさに示唆的でありますな。

年齢とともに小言っぽくなっていくのには、そんな背景があるものと思われます。

若い世代が見落としていることに対する気づきと、さらには、それに気づかないことへのイラ立ちと、自らの体力の衰えという、そういうものがないまぜとなって、小言が発露されるのでしょう。

衰えていくものや消えていくものを嘆いてもはじまりません。ならば、年齢とともに深化していくものを愛おしみましょう。その方が絶対楽しいはずです。

小言は、それをそのまんま相手にぶつけさえしなければ、自分の中では、モノの見方が増える現象そのものですもの。いや、それを自分の内部に上手に蓄えていくことができれば、見方ならぬ味方もきっと増えていくはずです。

愛される小言

談志は晩年、とても愚痴っぽくなりました。立川談四楼《だんしろう》師匠の著書『談志が死んだ』には、そのあたりの、とんだとばっちりがドキュメンタリータッチでリアルに活写されています。いやあ、ほんと不合理な怒りをぶつけられた談四楼師匠の大変さをおもんばかるのみであります。詳しくは、ぜひご購読願います。

良心的に解釈するならば、いま振り返ると、師匠談志は、「老人性うつ」という病すらさらし続け、芸の向上にのみフォーカスした日々を送っていたということでしょう。談四楼師匠ほどではありませんが、私自身も「えっ?!」と思うようなできごとに遭遇したものでした。

それは、談四楼師匠のお膝元、群馬は館林《たてばやし》の落語会でのことでした。

師匠がトリをつとめ、私がその膝（師匠の前の出番）を受け持つことになっていました。師匠が体力的に辛そうだと察したので、私は『片棒《かたぼう》』というトリネタに相当するネタをかけ、その負担を減少させようと思いました。お客さまの反応もよく、気持ちよく語り終え、舞台袖に降りてくると、師匠も、そこそこにこやかに出迎えてくれたので、さらに、自分自身も手応えを感じました。

師匠は、かなりの大ネタ『へっつい幽霊』をかけ、かなり調子よく乗っていました。談四楼師匠と私は目を見合わせ、「いいですね」と感動を共有したものです。これは、たまらない瞬間でもあるのです。同じ人の芸にときめき合うというのは、惚れた弱みの分かち合いでもあり、先輩と後輩の垣根を超えて一芸人同士で感覚を寄せ合うというか、手を結ぶ至福の一瞬です。師匠が高座から降りてくるまでは、そんなときめきを覚えていました。

ところが、師匠が高座から降りてくると空気は一転、その場にいた私を突然怒鳴りつけたのです。

「てめえ、俺の前で『片棒』やるとはどういう了見だ！　ここは俺の会だ。わきまえろ、馬鹿野郎！」

あまりに不合理で理不尽すぎる怒りでした。私は怒りと同時に、激しい困惑を覚えました。談四楼師匠は、そんな私を察知してか、なだめるように、「ま、腹を立てなさんな。あれだけ怒る力があるんだから、まだまだ師匠は大丈夫だ。かえってよかったよ。そう考えようぜ」。

真打ちに昇進して何年か経っていた頃でもありましたので、プライドも芽生えていた私です。時間的には、まったくオーバーもしていなかったはずなのに、何がいけなかったのか……。

いまにして思えば、老いという、師匠にとっては、避けて通れない病が進行しつつあったのでしょう。とにもかくにも、あんな師匠を目の当たりにしたのは、入門以来はじめてのことでした。

これは間違いなく、私自身にとっては、不愉快なできごとではありましたが、その頃の私には、師匠が老いと戦うリアルな姿を見せてくれたのだと解釈するしかありませんでした。敢《あ》えて言うならば、周囲には絶対見せたくはない己の弱みを、「おまえだけにしか、イライラをぶつけられないんだ。いいか、おまえがかつて憧れた、あのさすがの立川談志も老いるのだぞ」とばかりに。

貴重な一コマをふと思い出しましたが、逆の見方をするならば、「愛されていれば老いも許される」ということなのかもしれません。いや、もっと極論すれば、「上手に老いていくための前提として、まず周囲から愛されなければならない」ということなのでしょうか。師匠が私に甘えられるというのは、私が弟子として、長いこと傍につかせていただいたからこそ。その「師弟愛」という信頼関係が盤石《ばんじゃく》であるからに違いないのです。

誰もが老いていくのですから、談志のような一流芸人に限ったことではなく、つねに周囲への心配りをしながら老いを重ねていくことが、何よりも大切なのだと思うこの頃です。

そういえば談志は、**「愚痴《ぐち》はとても大事なんだよな」**とも、よく愚痴っぽく言ってました。

マイナスな感情が沸点に達した時に出るのが罵詈雑言《ばりぞうごん》だとすれば、老化によってマイナスな感情が沸騰できずによどんで出てくるのが愚痴なのかもしれません。やはり愚痴も老化現象の一つなのです。忌み嫌うべきそんな愚痴さえも、愛する師匠でした。

談志が圧倒的に支持された理由は、落語の名人だったからとか、天才的なセンスがあふれていたからとかはもちろんですが、「愚痴のような嫌われる言葉すら大事にしろ」と言い続けてきた惜しみない優しさに理由があるように思います。

そうです。愛され続けた理由は、愛し続けてきたからなのです。

以上、師匠を買いかぶり過ぎているデキの悪い弟子の戯言《ざれごと》ではありますが、いまとなっては師匠の愚痴すら懐かしさを感じる毎日なのであります。

もしかしたら、館林のあの夜のできごとは、私だけに向けて演じてくれた最後の「リアル小言幸兵衛」だったのかもしれません。まさに渾身《こんしん》の一席でした。しばらくはあんまりいい思い出ではありませんでしたが、今は財産となっています。だってこうして本のネタになっているんですもの。

妄想力を鍛える

『小言幸兵衛』のおもしろさの本質は、ずばり妄想《もうそう》にあります。まだ引っ越してもいない仕立て屋の息子が近所の娘と心中するなんて、どう考えても乱暴すぎます。落語のおもしろさは、こういった一人妄想にもあるのです。

『湯屋番《ゆやばん》』では、若旦那がめちゃくちゃモテているあり得ないシーンを妄想します。『あくび指南《しなん》』でも、妄想による一人芝居が笑いを誘います。妄想は「思考の暴走」でもあります。観客の想像のレベルを際限なくふくらませることで、笑いのボルテージも増幅していきます。

落語は、そもそもが妄想の産物です。作者が作った短い説話がスタートだったはずですが、そこに演者が「じゃあこんな登場人物がいたら」「こういう設定にしてみよう」など、それぞれの妄想を加えていき、それを受け継いだ次の演者が、さらに妄想を付け足し、そしてまたその次の演者が……、という具合に、バトンがつながっていく過程で、妄想が雪だるま式にふくれあがっていった結果が、いま残っている古典落語だと考えられます。そう思うと、次世代へ渡していくには、自分なりのオリジナリティあふれる妄想を施していくのがエチケットのように思います。

逆に言うと、こういった妄想の膨張を許す許容性こそが、落語の大衆芸能たる所以《ゆえん》なのです。

「老化とは成長」という見方をするなら、「妄想はお年寄り特有のものの見方」を示すことではないかと思います。幸兵衛さんは、年齢を重ねてきているからこそ、芝居の素養がベースになった妄想までも展開します。若ければ、そんな教養はありませんから、妄想もしにくいはずです。

ここで提案です。どんどん妄想してみてはいかがでしょうか？　落語家みたいになれというのではありません。許されるレベルの幸兵衛さん未満の妄想ならば、迷惑どころか、むしろ歓迎されるのではないかというささやかな問題提起です。ここに、おもしろいお年寄りになれるヒントが隠されているように思います。

身近な例を挙げます。私が子どもの頃ですから、一九七〇年あたりのことです。降ってわいたようにアメリカンフットボールブームが起きました。アメフトの試合というより、小学生のあいだで爆発的にヒットしたグルービーケースなるものがきっかけでした。これは、ミドリというメーカーから一九七一（昭和四六）年に発売された、ダンボール製の箱にビニールコーティングした文房具入れのようなもので、アメフトのヘルメットやチームのマークなどがプリントしてありました。私も、アメフトのチームのヘルメット型の鉛筆削りなど買ったものです。

その頃、アメリカのNFLの試合が衛星中継されたことがありました。当時としては珍しく、自分も生まれてはじめて見ることになったのです。ただでさえ大きな身体の上に防具を付けている選手たちがぶつかり合うのですから、その迫力たるや圧巻で、子どもだった自分は、とにかく驚いたものです。フットボールにアメリカンとわざわざアタマにつけてあるので、幼心に「海の向こうのアメリカ限定のスポーツなんだ」と悟り、日本とは異空間の、しかも異形の巨人たちによる格闘技という印象を持ちました。

その翌日あたりでしょうか、やはりその試合内容が鮮烈だったのでしょう。長野の田舎とはいえ、かなりの話題となりました。近くに住むおばあちゃんもテレビで見ていたようで、興奮気味に、「でかい外国の人が、なんでみんなあんなに偉そうに肩をいからせてやるんだかねえ」と言ってました。そのおばあちゃんは、あの肩の膨らみをプロテクターではなく、いからせた肩だと思っていたのです。お年寄りからしてみれば、そのように見えたのでしょう。大昔の話ですが、これなんかは完全に「笑えるお年寄り型妄想」の一つであります。


病的なる妄想に、まわりは困惑するものですが、率直なお年寄りなりの見方は、周囲を和ませます。陸上の三〇〇〇メートル走で、周回遅れのランナーが一瞬トップランナーより先を走っているように見える感覚といえばわかりやすいでしょうか。

以上、お年寄りの妄想めいた発言は、どこかかわいげがあり、許されるべき存在のように思えます。

こんな笑える妄想をくり出せるようなおもしろいお年寄りを私は目指してい

ます。妄想力、鍛えたいものです。

落語未来予想図

老人の妄想がある程度許されるのは、高齢者へのいたわりの気持ちに起因します。そこに甘えない手はありません。世間さまが「ま、お年寄りの言うことだから」という見方をしてくださるのならば、そこはプラスに考え、若い時より表現の幅が広がったと思うべきでしょう。

そうであるならば、この追い風を利用して、「おもしろいおじいちゃん」「おもしろいおばあちゃん」を目指せばいいのではないでしょうか？　幸兵衛さんのまわりにも、「めんどうくさいけどおもしろい人」という評判のもと、いつの間にか無責任な見物人も含め、いろんな人たちが集まっているではないですか。

落語家の思いつき、もしくは戯言、あるいは暴言に近いのかもしれませんが、こんな具合に見方を変えることで、老化にまつわるマイナスの要素をカバーできるように思います。

老いとは、間違いなく死に近づく現象ですが、神や仏に近づく一歩でもあります。悟りを開いたような人に対して老人のイメージを抱くのは、そんなところに理由があるように思います。物事を極め、真理をつかもうとするには時間がかかります。そして、時間がかかれば、人は年老いていく。それは、必然です。このように、視点を変えるとおもしろい発見がいっぱいです。

『小言幸兵衛』はあくまでもフィクション。しかし、モデルとなった人は絶対にいたはずです。そんなリアルな人たちをコアに、作者や落語家たちが妄想や創作をつけ加えていく中で、落語が作られ、深められていったように思えます。


落語に登場する粗忽者《そこつ》（あわて者）の代表には名前がありません。ところが、幸兵衛さんは妄想型老人として、与太郎は失敗ばかりのぼんやり者の代表格として、きっちり名前があります。

私はここに、落語が「日本の未来像を予言していた」と妄想します。すなわち、粗忽という認知症的症例は、高齢化社会を迎えるようになるのならば日常茶飯事的なことになるのではないかと。

『粗忽長屋』という噺があります。ある日、八五郎が死体を目の当たりにして、隣に住む友人の熊五郎だと思い込み、「いますぐ死んだ当人をここに連れて来ますから」という、まともとは思えないことを言い残して去っていきます。

さて、熊五郎宅に駆けつけた八五郎ですが、「おまえ、死んでるぞ」と熊五郎を問いただします。八五郎も八五郎ですが、熊五郎も熊五郎で「ああ、そういえば昨晩っから妙に気持ち悪い。確かに俺は死んだのかも」と納得し、二人で現場に駆けつけます。死骸を自分と思い込んだ熊五郎が泣きながら抱きしめ、「抱かれてるのは確かに俺だが抱いている俺は一体誰だろう」と見事なオチ。

談志は、粗忽＝そそっかしいという従来のとらえ方ではなく、「主観が強すぎる人間」として把握し再構成して、この噺を爆笑系に昇華させていました。談志落語の最高傑作と評するマニアもいるぐらいの、談志らしさがあふれた噺でもありました。

想像するに、モデルとなるべきそそっかしい人がいたはずだとすれば、この病的なほどの思い込みは、もしかしたら、現代でいうところの、認知症ではないかと。気になって調べてみたら、認知症の症例として、自分の財布がなくなったのを盗まれたと思い込む「物盗られ妄想」というものがあるとのことです。自分が紛失したと思わないで誰かが盗んだと思うあたり、まさに主観が強すぎるのです。

幸兵衛さんも、あの頃はそんな病名がなかっただけで認知症かもしれません。

『粗忽長屋』の二人の登場人物にいたっては完全にその症例にドンピシャです。

ただ落語がすごいのは、そんな病名が存在しなかった時代に、病的な彼らをきちんと受け入れる度量があったということです。

笑いは排除からは絶対に生まれません。まず受け入れて、その対象とコミュニケーションを取る姿勢が存在しない限り、笑いというセンシティブな行為は発生しません。

「物盗られ妄想」などの認知症の方への接し方として、「まず相手の言動を否定しないこと」と、前掲の本には記載されていました。投薬など専門的医療は現代の領域ですが、それ以前の時代、つまり落語の世界では、病める人と隔たりなく接するという、なんとも思いやりに満ちた施療が行われていたように思います。そこにあるのは、絶対の優しさなのです。

医学については門外漢の私ですので、うかつなことは言えません。でも、江戸時代から多種多様な人間を見つめてきた落語家たちのビッグデータが積み重なりそれが落語へと反映され、結果としてリアルな登場人物たちへとつながっているはずです。そう考えてみると、やはり落語からは、未来も見えてくるような気さえします。だって、人間はいつの時代も変わらないものなのですから。

第4章

人生はネバーエンディングストーリー

エピソード4 『死神』

「死にたくない！」は究極の欲望という噺

カネに見放された男が「死んじまいたいよ」と、死に方をあれこれ思い浮かべているとと死神が現れ、「医者になればカネは入ってくる」と言う。「死神が病人の枕元にいたら寿命だが、足元のほうにいたら助かるから、呪文を唱えて追い払え」と言い残して消えた。言われるままに医者の看板を出すと、主人を助けて欲しいと手代がやってきて、かけつけると足元に死神。呪文を唱えると死神は消え、たちどころに病人は回復する。これが評判となり、男は大金持ちになる。

ところが、贅沢三昧《ぜいたくざんまい》の挙句に一文無しに逆戻り。再び看板を出すが、決まって枕元に死神がいてまったく儲《もう》からない。そんなある日、主人を治してくれたらカネはいくらでも出すという手代がやってきた。しかし、またしても枕元に死神。店の若い衆を病人の四隅に座らせ、死神が居眠りしている隙《すき》に布団を回転させ、死神が足元に来た瞬間に呪文を唱えて追い出してしまう。

帰り道に死神に捕まり、大量のロウソクが燃えている洞穴へ。ロウソクが人間の寿命だという。死神は消えそうな一本を指し「これが、さっきの男と取り替えたおまえの寿命」と。あわてた男は火を継ごうとするが、「あぁ消えた」。

談慶が聞く　人生一〇〇年あっても、ねぇ

談慶「はじめまして」
男「手短に。俺はこう見えて忙しいんだよ」
談慶「あらら、そうなんですか？」
男「まさか死んでからも忙しくなるとはな」
談慶「でも、貧乏から大金持ち、そしてさらにどん底と、ジェットコースターのような人生でしたねぇ」
男「まあな、短かったけどいろいろあって楽しかったよ。太く短くな。俺に限らずみんな江戸っ子ってそんな生き方だったけど」
談慶「あなた方は信じられないかもしれませんが、今の日本は人生一〇〇年と言われていて、ほとんどの人が長生きする時代になってしまったんですよ」
男「へぇ、人生一〇〇年?!」
談慶「そうなんですよ」
男「そんなに長いこと生きてどうすんの？　長生きが、すべていいことなのか？」

談慶「鋭いですね。核心を突いてます」

男「いや、毎日が楽しくて楽しくて仕方がないならいいだろうけどもよ。つまんねえことだらけのが一〇〇年も続くとしたら退屈どころの騒ぎじゃねえ」

談慶「そのせいか、この国では自殺者が一年に二万人もいると言われています。七十五歳でこの世を去った師匠の談志は『**死ねないから生きているだけだ。生きることに意味なんかない**』とまで言ってましたっけ」

男「死ねないから生きてる、か。名言だな」

談慶「生きるって、どういうことなんでしょうか？　死って何でしょうか？」

男「それについて考え続けるのが、生きることなのかもな」

談慶「また深いことを」

男「死んでみた人間からしてみれば、あんまりその差がないってことに気づくなぁ。生きている間は、死んだら嫌だ嫌だと思っていたけど、いざ死んでみたら、もう死の恐怖はないんだから。これはこれでいいのかもな」

談慶「うわぁ、さらにとても深い死生観のように響きます！　あなたの話を聞いていると、死はとても終わりではないような気になってしまいます」

男「ま、そんな感じかな。こんなところでもういいか、俺は忙しいんだ」

談慶「さっきから忙しい忙しいとおっしゃっていますが、なにかお仕事でも」

男「うん、実はな、死神としての仕事をしてるんだ」

談慶「死神としての仕事？」

男「ここだけの話、カネ儲けの方法を教えに行くんだ」

談慶「カネ儲けの方法って？」

男「足元にいる死神を追い払う呪文、あれを教えてまわるんだ。そそっかしい貧乏人なんか食いついてくるよ、かつての俺みたいなヤツ。そうやってインチキな呪文で人生狂ったヤツがどんどん死神になっていく。一人死神を増やせば死神協会から俺はマージンをもらえるんだ」

談慶「うわ、死神の拡大再生産というわけですね？おもしろい話だなぁ、それ」

男「つうか、その設定、おまえが考えたんだろ?!」

死への恐怖の緩和

江戸末期から明治初期にかけて大活躍した「落語中興《ちゅうこう》の祖」が三遊亭圓朝《さんゆうていえんちょう》です。名作中の名作『芝浜』は「芝浜、皮財布、酔っ払い」という三題話《さんだいばなし》から作られたというのはあまりにも有名な話です。

薩長土肥が跋扈《ばっこ》し、江戸が東京となった頃のことです。明治政府の高官らの「江戸っ子の心意気とやらを落語にしてみろ」という居丈高《いたけだか》の上から目線に対し、「これが江戸っ子だ！　おまえらにその良さがわかるか！」との思いを込めて作ったのが『文七元結《ぶんしちもっとい》』だと伝わっています。

圓朝の『芝浜』と『文七元結』。二つの噺を演じるたびに、つくづく著作権がなくてよかったと、ひそかに手を合わせるのみであります。

さて、そんな圓朝がグリム童話の第二版に収載されている『死神の名付け親』（原作は、イタリア歌劇『クリスピーノと死神』という説もある）を翻案《ほんあん》したと言われているのが『死神』です。多くの落語家が、呪文はもとよりオチや設定をいろいろ変えて語り継いでいますが、変えてはならないというか変えようがないテーマは、やはり死への恐怖です。

医学が未発達な昔は、災害の予測もできないことと相まって、「人は理不尽に死ぬものだ」という共通認識がありました。その結果、人々の心の中にはつねに無常観があったのです。かの有名な『平家物語』の冒頭「祇園精舎の鐘の声　諸行無常の響きあり」など、その代表格でしょう。

ここからは仮説です。いつ襲ってくるのかわからない死の恐怖に対して、「死んだとしても、先には永遠不滅の極楽浄土がありますよ」とアフターケアをサポートしたのが仏教をはじめとする宗教。それとは真逆で、いつ死ぬかわからないからこそ「今を笑おう」と、徹底して現世利益実現装置として機能したのが落語ではないかと、いささか乱暴ではありますが、私は個人的に思っています。

仏教と落語は、まったく違うもののようでいて、実は「死への恐怖の緩和」という出発点を同じくしていて、そのベクトルが違うだけのように思います。

実際、お坊さんと落語家はよく似ています。僧侶の修行、落語家の修業と、漢字こそ異なりますが、精進と歳月を費やすことなしには一人前になれません。いずれにしても、お寺さんで落語を頼まれるケースが多く、語っていて妙にしっくりする瞬間を体験しようものなら、これは「先祖返り！」と思うことすらあります。

かつて直木賞作家で立川流Bコースにも所属し、立川八王子という芸名で落語もやっていた、今は亡き景山民夫さんは、「エンターテイメントは生の絶対肯定だ」と定義していました。

日本の伝統的エンターテイメントの代表格である落語は、まさにそのとおりで、安政年間（一八五四〜六〇）には、落語をはじめ講談や義太夫などを聞かせる寄席が、江戸市中に三〇〇軒を超えたと言われています。小さな空間に集まった江戸っ子たちが、落語に泣き笑いして、「死に対する恐怖をみんなで分散し合っている姿」が浮かび上がってくるようです。そういう意味でいうと、寄席は、死への恐怖の「頭割り」をするために江戸っ子が考えだしたおおいなる知性にさえ見えてきます。

『死神』は、死と真正面から向き合った噺です。欲にまみれて寿命を取り替えて死んでいく男の浅はかさをスパイスとして、ロウソクの炎を寿命に見立てるあたりに、「人間は病などで死ぬのではない。定められた寿命で死ぬんだ」という諦観《ていかん》をうながしているような気もします。

まさに圓朝の死生観が凝縮されたような噺でありますが、「寿命で死ぬんだ」という意識がじわじわ大衆に刷り込まれていくと、人間、覚悟が決まり、ジタバタしなくなります。つまり、寿命こそが自分の生殺与奪権を持つ大きな存在だと認識することが集合知（多くの人々の知識が集まったもの）となり、結果として「宵越《よい》しのカネは持たない」というような江戸っ子の心意気や気概が作られていったように思います。

落語のもたらす笑いにはパワーがあります。医学の進歩した現代にすら、そう感じるできごとがありました。

数年前のことです。終末期医療に携わる看護師さんから落語の依頼を受けました。マジメ一辺倒で生きてきたガン患者さんの「一度でいいからナマの落語を聞いてみたい」という最後の願いを叶えてもらいたいというのです。その看護師さんが美人だということもあり（笑）、二つ返事でそのお宅におじゃましました。居間のコタツを高座に見立ててその上に座り、その人とご家族のために一席語りました。その時の、患者さんの穏やかな笑顔がとても印象的でした。

しばらくして、その方の娘さんからメールが来ました。

「父はその後、亡くなりました」と。私は胸がつまり、無力感から「何もお力になれずすみませんでした」と返信したところ、即、また返信がありました。

「それは大きな間違いです。父があの時、談慶さんの落語で笑っている間は、自分がガンで余命いくばくもないということを忘れさせてもらった大切な時間だったのです。あれは薬では絶対できなかったことです」

戦慄《せんりつ》を覚えました。無論、私がすごいのではなく、落語がすごいのですが、この話を思い出すたび、落語の底力に手を合わせています。そんな影響力のあるものを仕事にさせてもらっているのですから、より謙虚にならなければと自覚する毎日です。

長寿社会は幸せか？

『死神』は、直接的に人間の死に向き合っている落語です。ラストのシーンで、あそこまで「死にたくないよ！」と主人公が絶叫するような落語は他にはないと言ってもいいほどです。

この噺に限らず、落語には死にまつわるネタは結構あります。『野ざらし』は、野にさらされた骸骨《がいこつ》に回向《えこう》をすると死んだ若い女がお礼に来る噺ですし、『反《はん》魂香《ごんこう》』では、死んだ女房にもう一度会いたいと思う八五郎が、反魂香というお香と反魂丹《たん》という富山の薬を間違えて火にくべます。『らくだ』は、死人を担いで踊らせるという、いささか不気味な展開です。談志の十八番『黄金餅《こがねもち》』に至っては、死者の焼かれた遺骸から盗み取ったカネを元手に餅屋を開き、それが大繁盛したというインモラルな成功談です。まさに**「落語とは、人間の業の肯定」**と定義した談志そのものを体現するようなネタであります。

なぜこのように、落語には死にまつわるネタが多いのでしょうか？

死後の世界の安泰を仏にすがるように説いた仏教に対し、落語は、死への恐怖の緩和というよりも、死への恐怖への慣れに近いアプローチを目指したように思います。医学が未発達だったからこそ、落語は、死を身近なものとしてとらえ、「死ぬってことは、そんなに怖いものではないよ」という考え方を目指したのでしょう。

このあたりの落語のスタンスは、現代医学が死を遠ざけるものとして発展してきたのと見事に対照的です。植物状態になっても心臓を稼働させ、口から栄養を取れなくなっても直接栄養を体内に送り込み、結果として平均余命を延ばすという姿勢は、まさに死を遠ざけることに他なりません。そのような自然の摂理に逆行してもたらされる人生一〇〇年だとしたら、それは果たして本当に幸せな未来なのでしょうか。もちろん、そのような治療を選択される方の尊厳を否定するものではありませんが。

『死神』の主人公のように、やりたいことをやり抜いて最後は自分の寿命の象徴であるロウソクを握りしめて息絶えたケースと比べてみたら、どちらが本当に幸せなのか、どうしても考えてしまいます。

圓朝は『死神』に、未来の私たちに向けたメッセージを込めていたのかもしれず、そう考えると、いやはや落語は、とことん深いものでありますなぁ。

死への恐怖、そしてその悲しみの処理方法について、日本人は代々英知を積み重ねて対応してきました。

私は数年前、父親を八十三歳で亡くしました。その時、喪主として通夜から葬儀へという決め事を終えてしみじみ思いました。葬式は形骸化していると批判される部分もありますが、葬儀にまつわる儀式は、「悲しみの緩和装置」なんだなぁと。

亡くなった直後は、まだそのぬくもりの残る亡骸に感謝の意を伝えます。ここまでは親子の濃密な世界であります。そして通夜で親戚が集まり、精進落としの席で故人の思い出を懐かしく語り合うと、今度は親戚という家族の次に身近な人たちと悲しみを分かち合うようになり、最後の葬儀というセレモニーでは故人とのつながりのある第三者も加わり、その悲しみの濃度はどんどん薄まっていきます。

こういった段階を経ることによって、確実に悲しみの度合いは軽減されていきます。もっと砕けた言い方をするならば、「悲しみの割り勘」こそが、葬式の本質なのかもしれません。日本人はこうして死に寄り添ってきた以上、それに連動するような形で、かような日本人独自の死生観や価値観が落語に反映されてきたのでしょう。

葬儀を終えた後のことでした。思春期の入り口たる反抗期を迎えたばかりの長男と次男をふと見やると、二人ともに泣きじゃくっていました。通夜から葬儀、出棺、火葬場という一部始終を目の当たりにした息子二人の答えが、あの頬を伝う滂沱《ぼうだ》の涙だったのかと思うと、「親父は、亡くなることで、孫に情操教育をしてくれたのかもな」と、私も、もらい泣きしてしまいました。

核家族化が進み、離れた土地で生活を送り、幼い頃から受験戦争に立ち向かうことになると、遠い田舎に住む祖父母の葬儀すらも日帰りを余儀なくされ、人の死に対する実感もないまま成長する子どもたちもいると聞きます。まさに、死を遠ざけるのが文明なのかもしれません。

そういう見方をすると、死ぬこととは、恐怖などではなく、次世代への大事なメッセージと読み解くこともできます。また老後は、そのように考えて毎日生きたほうが、闇雲に死を怖がるより、より充実した生き方ができるように思うのです。

親父、ありがとな。ほんとあなたの孫たちは、あの日以来、優しく育っていますよ。天国からその行く末、優しく見守っていてくださいね。

カネ持ちは幸せか？

それにしても、『死神』の何が痛快かと言って、「簡単におカネが入るようになると人間はロクな末路をたどらない」ということを、ズバリ描いているところでしょうか。「インチキな呪文」だけでボロ儲けするというのは、犯罪も含めた手軽なおカネの稼ぎ方を示唆しているようで興味深い展開です。

作者である三遊亭圓朝の人生観が凝縮されていて、まさに「悪銭身につかず」の具現化であります。いや悪銭というよりも、安直なルートで得たおカネは身につきにくいもの、つまりは、インフレ化して価値が減少してしまうものなのでしょうねぇ。

そして、おカネの一番の怖さとは、そのおカネを失くした時の怖さではなく、それと引き換えに人間関係を失う怖さなのです。

演出にもよりますが、カネを手にした『死神』の主人公は、おそらく若い女を得たことでしょう。しかし、その代償として女房子どもを失い、人生の最期で喪失感に嘆き悲しんだことは容易に想像できます。しかし、時すでに遅しであります。どっちが幸せかとかではなく、「さあ、あなたはどっちを選ぶ？」と、観客に問いただすかのように迫ってきます。

思うに、おカネとは、出入りの速度にギャップがあるものです。稼ぐのに手間がかかるけれども、使うのはあっという間。これは誰もが悩むところです。もしかしたら、その入口と出口とのアンバランスこそが、本来のおカネの存在意義のようにも思えます。入ってくるスピードがアップするとおかしくなるというのは、ごくごく当たり前のことなのかもしれません。

人間はいつの世も、おカネとの付き合い方に悩んできました。

チャップリンは、映画『ライムライト』の中で、「人生に必要なのは、勇気と想像力と少しのおカネだ」と主人公に言わせています。これは何度も見た映画ですが、見るたびにそのセリフの奥深さに感じ入ります。

これが「勇気と想像力」だけだったら、映画というフィクションの世界の絵空事です。しかし、最後に「少しのおカネ」と付け加えるあたりに、現実の匂いを感じるのです。そんなチャップリンだからこそ、『独裁者』では現実の独裁者を揶揄《やゆ》し、『モダンタイムス』では、現実の大量生産大量消費社会を皮肉ることができたのです。チャップリンは、あくまでもリアリストでした。

まったくもって、おカネとの距離の取り方は非常に難しいものですな。

なければないで貧すれば鈍するだし、あればあるほど幸せかと思うと、ひと頃ワイドショーを席捲《せっけん》していた「紀州のドン・ファン」の最期を想像すると同情したくもなります。

談志はサインを頼まれるとよく**「幸福の基準を決めよ」**と記していたものです。これはズバリ言うならば、「カネ以外の幸せの基準を見つけておけよ」という意味だったのではないかと。現在《いま》となっては想像するのみですが。

談志はケチだとよく言われていましたが、長いこと傍にいた弟子の立場から言わせてもらうと、ケチというよりは、おカネに無頓着だったというほうがピタリとくる感じがします。

前座の頃、「これ持って後からついて来い」と無造作に数百万円が入っている紙袋を私に渡し、近所の郵便局まで同行させたことがありました。「ここで私がこの紙袋を持って逃げたら、まるで落語の『千両みかん』だな」とも思いました（ともあれ、「こいつは、そんなことはしないだろう」という信頼を得た瞬間でもありました）。

練馬の片隅の小さな郵便局でしたから、数百万円を目のあたりにした局長さんはじめ局員さんたちの驚きと言ったらありませんでした。「すごいですね〜」と思わず発した言葉に対して、「いや、こだわりがねえんだ」と言ってのけましたっけ。

実際、そんな大金よりも、弟子が二十円切手を一枚多く貼り間違えた葉書のことを、いつまでも怒っていたものです。「こんなことやれば、郵便屋が喜ぶとでも思っているのか?!」と、妙な方向から切り込まれたものです（あ、よく考えてみたら、やっぱりケチでしたな）。

ただ、ケチではありましたが、**「カネのことをとやかく言うのは下品だ」**とも言ってました。

戦前の昭和十一年に生を受け、多感な少年期に戦争に接し、青春時代をひと癖もふた癖もある魑魅魍魎《ちみもうりょう》のような落語家たちに囲まれて育ってきた人です。おカネに翻弄される様をきっと嫌というほど見てきたに違いありません。おカネのすごさと汚さの両面を知っているはずです。おカネに幸福の基準を置くことのバカバカしさを悟っていたのでしょう。

死後の世界はあるか？

『死神』はインチキな呪文も含めて、落語家のオリジナリティをかなり発揮できる噺です。いや、『死神』に限らず、どんな落語でも、オリジナリティを発揮できる余地があるからこそ、東西合わせて一〇〇〇人近い落語家がひしめき合うことができているとも言えます。

一〇〇〇人の落語家がいれば、極論すれば一〇〇〇通りの『死神』があるのです。もっと言うと、同じ演目を同じ落語家がやるにしても、日によってお客さまが変わるのですから（いや、変わらなかったとしても）、まるで違う味わいになるものです。これが、ライブの落語のおもしろいところです。

私は主人公が「あ、消えた」と、ロウソクが消えるのと同時に照明も落としてもらい、その後しばらくしてまた明転させ、主人公も死神の仲間入りしたところでオチとしています。一瞬ですが、死後の世界を導入することによって、現世とのギャップをいくばくかの恐怖感と共にあぶり出せたらという意図であります。

果たして、死後の世界というのは存在するのでしょうか？

ピクサー（アメリカのCGアニメーション映画製作会社）映画の『リメンバー・ミー』では、年に一度、生きた人間が死者に会えるという、日本のお盆のようなメキシコの話をモチーフに「死者の世界」が描かれています。主人公のミゲルくんが迷い込むその世界はとても明るく、暗さとか闇とか怨念は一切ありません。

そして、そこで訴えられているのが、「人は二度死ぬ。最初の死は、肉体の鼓動が止まった時。肉体の死。そして二度目の死は、生きている人間たちの世界で、その人のことを覚えている人が誰もいなくなった時。つまりは魂の死」という深いテーマです。

「人は二度死ぬ」。洋の東西を問わず、これはもしかしたら人類共通の思いなのかもしれません。だからこそ肉体の死以上の恐怖である「忘れ去られることの恐怖」をやわらげるために、メキシコでも、日本のお盆のようなシステムを考えたのでしょう。人類とは、かくもいじましい生き物であります。

『幽女《ゆうじょ》買い』という落語があります。これは談志が発掘した噺ですが、死後の世界になんと吉原を作ってしまうという筋。新吉原は死後の世界では「死に吉原」となり、松葉屋が「末期《まつご》屋」に、三浦屋がひっくり返って「恨み屋」になっています。まことに、あっぱれです。

私はこれに、死後の世界にも映画館があって、黒沢明監督がキャストもほぼ揃っている『男はつらいよ』を撮っていたり、死後の世界にもやはり落語があって、「文楽志ん生二人会」のチケットが売り切れていたり、「小さん師匠と談志師匠が仲良く親子会をやっている」みたいな設定を作っています。

先日も、亡くなったばかりの某師匠を登場させ、「○○師匠、緊急来演」などという幾分ブラックな印象のクスグリを入れたところ、大爆笑でした。これがお客さまに受けてもらえるのは、やはり、「亡くなったからといっても、その師匠のことを忘れていませんからね」という、むしろ優しいメッセージとして理解されたからだと、密かに思っています。


死への恐怖というマイナスなパワーを前向きに変換させていくことで、医学をはじめとする各種科学が進歩してきました。飛躍的に平均寿命を延ばすことになった医学の力は、同じく死への恐怖からスタートしたはずの宗教の地位を相対的に軽くさせることになります。結果、科学が傲慢《ごうまん》になり、宗教が軽んじられるようになります。そのわずかな隙間《すきま》を突いた格好で徒花《あだばな》を咲かせたのが、かのオウム真理教だったのではないかと……考えたりしています。想像するに、古くからの宗教がカバーし切れなかったフィールドに居場所を見つけ、科学第一主義を信奉していたはずのエリートたちの歪《いびつ》な受け皿として機能したのでしょう。

極論すれば、あの一連の悲惨な事件の数々は、医学が死を遠ざけ過ぎた結果もたらされた悲劇と言えなくもありません。

人生は、誰もが一度だけなのです。生まれ変わってもう一度リテイクしようと思ってもそれが許されない。だからこそ、笑いも喜びも悲しみも切なさもあるのです。

くどいようですが、誰もが死にます。そして、臨死体験は別として、一度死んで「あの世」に行って、再びこの世界に戻ってきた人は一人もいません。「あの世」なんて実際存在しないのかもしれませんが、存在すると思っていた方が楽しくなりませんか？　その方が、死んだ人たちに対して優しい気持ちでいられるような気がします。

映画『リメンバーミー』や落語の『死神』『幽女買い』など、「死を前向きにとらえている表現文化」に積極的に触れることによって、死を特別なものとしない考え方が養い育てられるのではないかと、私は落語家として信じています。それが大事な人との死別を素直に受け入れることのできる最善の訓練ではないかと思っています。

仏教と落語は兄弟

仏教と落語とは切っても切れないような間柄で、できのいい兄が仏教で、やんちゃな弟が落語というような関係です。ニワトリと卵とどちらが先かのようなありきたりな問ではなく、相互に補完し合うような関係でここまできたように見えます。

それは、手段と目的の違いでもあります。仏教を教えて広める立場の僧侶たちは、最初から難しい経典の真髄《しんずい》などを伝えようとしても、民衆はついてこないということを長年の経験から知っていました。さまざまな説法を展開していく中で「わかりやすい話をしたほうが受けがいいだろう」と考えたはずです。

仏教の教えとつながるような民間の滑稽な説話をまとめたのが『醒睡笑《せいすいしょう》』で、それを著したのが、落語の祖と言われる安楽庵策伝《あんらくあんさくでん》（一五五四〜一六四二）。策伝は美濃国の生まれで、紅葉で有名な京の永観堂（禅林寺）で修行をしたこともある浄土宗の僧侶です。

策伝没後約四十年を経た元禄時代になって、ようやく「辻ばなし」という芸能が、京、大坂、江戸でも、ほぼ同時期に生まれたのです。これが落語のルーツであることはいうまでもありません。

江戸では、鹿野武左衛門《しかのぶざえもん》（一六四九〜九九）が富裕家に招かれて座敷噺をしたり、小屋掛で辻ばなしをするようになり、江戸におけるプロフェッショナルの落語家第一号となりました。京では露の五郎兵衛（一六四三〜一七〇三）が祇園の真葛《まくず》ケ原で、大坂では米沢彦八（？〜一七一四）が生魂《いくたま》神社境内で、それぞれ評判を得ています。

その後、鹿野武左衛門が些細なことから大島に流刑になり、しばし（といっても約一〇〇年間）江戸落語は休眠状態に陥りますが、落語のパワーはじわじわと庶民に浸透していたようで、狂歌師の初代烏亭焉馬《うていえんば》（？〜一八二二）が江戸向島《むこうじま》の料亭で新作落語を披露したのを契機に、再び落語ブームが訪れます。それはやがて、江戸落語が花開く文化文政期（一八〇四〜三〇）へとつながっていったのです。

『醒睡笑』には、現代に伝わる『平林《ひらばやし》』『牛ほめ』『子ほめ』『垂乳根《たらちね》』のプロトタイプが収録されていることから、落語テキストのフォーマットとして役だったことは想像に難くありません。

こうしてみると、安楽庵策伝はまさに、仏教から落語へのターニングポイントに位置する人物であり、仲介者でもありました。まさにその役割は、落語と仏教のインタラクティブ（双方向）的存在と言っても過言ではないはずです。

そんな背景があるせいか、仏教と落語は似ています。先に述べましたが、僧侶の修行と落語家の修業とは、一人前になるための必須プロセスです。共にめんどうな師匠や兄弟子に囲まれていますし（ここがもっともお坊さまに受けるところです）、また共に大衆を惹《ひ》きつける話術が問われます。

私が、最初にお坊さまのお話に感銘を受けたのは、中学三年生の時に修学旅行で行った薬師寺でのことでした。あの時の話のおもしろさは鮮烈でした。以来、「人をときめかせる話」に夢中になり、現在この仕事でご飯を食べています。おもしろいものです。もしかしたら私は、僧侶になっていたかもしれませんなぁ……。

お寺さんから落語の口演依頼が多いというのも、仏教と落語の親密さを感じるシーンでしょう。また、落語家を招いてくださる住職には陽気な方も多く、本堂を「多目的ホール」と呼び、落語のみならず、クラシックコンサートや現代劇などを企画される方もいらっしゃいます。

かつて私は、ある年の年末に千葉のお寺にお招きいただき、そこで歌手の沢田知可子さんとコラボを展開、大好評を博したことがありました。私が一席落語を喋った後、沢田さんが『芝浜』のあらすじをしっとり朗読します。その後をつなぐようにして、オチまで『芝浜』本編を私が喋ります。オチを言い終わると同時に、その『芝浜』をモチーフとした「せつない嘘」というタイトルのテーマソングを沢田さんが歌うという、師走にはうってつけの内容でした。

寺という空間で、落語のようなライブ感あふれる催し物を開催することによって、多くの人に、寺を、そして仏教を、身近に感じてもらうことができるのです。ここにはまさに、仏教の教義に民間説話を取り入れ、わかりやすく庶民にアプローチしていった安楽庵策伝の目指した方向性があるようにも思います。

私は隔月で、自宅からほど近い日蓮宗円蔵寺において独演会を開催させていただいていますが、こちらの若い副住職が「ご本尊さまに向かって、お客さまや檀信徒さんが笑っている構図が素敵だ」とおっしゃったのを聞いて、心底同意しました。また、このお寺では、もっとお寺を身近に感じてもらいたいとのことで、写経、ヨガ、子どもたちと触れ合う夏祭りの会場提供など、地域に溶け込むようにと工夫に工夫を重ねています。

キリスト教の教会でも、落語をやったことがありますが、お寺同様お客さまの反応もよく、かなりの手ごたえを感じたものでした。笑いはやはり救いになるんだなぁと微笑ましく思ったものです。

洋の東西を問わず神さま仏さま同士も、はるか高いところからこんな人間たちをいじらしく思ってくださるのかもしれませんな。ブッダがキリストに、「落語、おもろいでっか？」と、なぜか関西弁で問うたら、キリストだけに「イエス！」と答えたりして……などと妄想したりもしています（すみません、これ毒蝮三太夫さんのギャグでした）。

すべての信仰と落語は、共に「死への恐怖の緩和」のための知恵なのだと思います。そう考えると、落語からもたらされる笑いは、もしかしたら、宗教間の諍いとまではいかなくとも、壁ぐらいは取り払ってくれる可能性があるように感じます。教会だけに境界というオチでもありますが（笑）、それぐらいの痛快感こそが、落語の魅力ではないかと確信しています。

この本を手にとってくださったお寺さんをはじめ宗教関係の皆さま、試しに落語家を呼んでみてはいかがでしょうか？　お葬式や法事をやる場所だけにしておくのはもったいないです。落語も宗教も、いまよりずっと身近に感じてもらえるはずです。

「いい人だったなぁ」

落語会を介して宗教施設との距離が近くなると、「死との向き合い方」というか、死にまつわる諸々が日常的になるような気がします。その結果、死生観がじわじわと醸《かも》し出されていくとしたら、これほど素敵なことはないでしょう。落語では、笑っている間に、いつの間にか、死の話題が身近になっているのですから。そして、これは死への恐怖の克服でも、死者への冒涜《ぼうとく》でもないのです。

幼い子どもにしてみれば「おじいちゃんの葬式や法事やって泣いたのと同じ場所でみんながなぜか笑い合っている」というような、きめ細やかな感覚を通じて、死に対する考え方がしみわたっていくのではないかと思います。

人間は、えてしてリアルな体験でしか成長できないものです。「人は誰もが時期が来れば亡くなり、そしてさらに時間が経てば、悲しくて辛い思い出が懐かしい思い出に変化していき、さらには笑って語り合えるようになるものだ」

という小さな経験が積み重なっていけば、それはいつしか多大なる財産になるはずです。

葬式は、形骸化されているだの、儲け主義だのと、なにかと批判されがちではありますが、なかなかどうして、きちんと生きた人間に寄り添うシステムを構築していると思います。

実際、私の菩提寺の住職を含め、私の周囲のお寺さんは、みんなさんそのあたりのことを真剣に考えている方々ばかりです。


父を亡くした時、我が家の菩提寺である長昌寺の住職田口誠道さんには、ほんとうに助けていただきました。私と同年ということもあり、またサラリーマン経験もあるということもあって、日頃からSNSなどを通じて語り合ってもいます。親父の戒名も、さほど深くは考えていなかったものの、二人の息子を愛し続けた在りし日の思い出をベースに、とても相応《ふさわ》しいものを授けていただきました。

私もやはり芸人です。親の死に目には遭えませんでした。ビートたけしさんの初期のネタ「こういう芸人なんかやっていると親の死に目に会えないのが当たり前だと思っていましたが、運よく私は会えました。私が（首を）絞めたんです」という不謹慎なギャグを思い浮かべ、最終の新幹線に乗り込み上田に向かいました。その喪失感と切なさにはなんとか耐えましたが、晩年の父を最期までケアしてくださった介護施設の職員さんたちが大勢お別れに来てくださった時には涙があふれました。

「男は親父を亡くしてからが本当の勝負だ」とよく聞かされていたので、けっして泣くまいとは思っていたのですが……。「ああ、誰からも親父は愛されていたんだなぁ。いい人だったんだなぁ」と、みんなに思われて、まるでカットアウトするように逝った父を、そのダンディズムを、息子として誇らしく、胸を張って「カッコよかったな」と思ったものでした。

生きるのが不器用な父でした。そろばん塾を営む母のところに多数の生徒さんが通っていたのに目を付けた自動販売機業者が、「自動販売機、設置しましょうよ。儲かりますよ」と日参していたのを、母親共々頑《かたく》なに拒否し続けましたっけ。「自分たちの稼ぎ以外で入ってくるカネなんていらない」と。そんな両親の背中を見て育った私も、それを受け継いだせいで、株などの投資も一切やっていません（ただ儲け方が下手なだけかもしれませんが）。長年会社勤めをしてきたものの公害病を背負い込み、それほど出世もしなかった苦労人でした。

そんな父の通夜と葬式には、田舎の葬祭場でしたが「こんなに弔問客が訪れたお葬式ははじめてだ」と葬儀屋さんのスタッフが驚いていたほどです。

もしかしたら人間の値打ちは、その人が生きているうちには判明しないものなのかもしれません。見方を変えれば、亡くなった瞬間に評価されるという、非常に怖いもののようにも思えてきます。


談志は生前、**「すべては潜伏期間なんだ」**とよく言っていました。「よくも悪くもコツコツ地道に積み重ねていったものが、最後に結果として現実化するという、ただそれだけのことなのだ」という教えです。

極論すれば、老後とは、必ずやって来る死に向かって、亡くなった時にいかにまわりに悲しんでもらえるかの積み重ねの日々なのかもしれません。残酷なのは、その結果は本人にはわからないところです。

老後は、カッコよく死んでいくための準備期間だと思った方がいいと思うのです。未練がましく恋々と生に執着して、健康法や健康食品やサプリメントなどにこだわるより、そのほうがずっと自由で闊達《かったつ》で健康的ではないでしょうか。

人生一〇〇年時代としては異論が起きそうな考え方ではありますが、「俺は十分に生きた。家族の代表として先に逝くよ」とでも言いたげな、あの父の安らかな顔を時折思い出すたびに、五十歳を超えた私はつくづくそう感じています。

第5章

古いものには文化がある

エピソード5

『火《か》焔《えん》太《だい》鼓《こ》』

無欲のご褒美《ほうび》という噺

古道具屋の甚兵衛さんは普段からぼんやりしている。「巴御前《ともえごぜん》の鉢巻き」などを仕入れたり、必要な火鉢を売ってしまったり。今日も古ぼけた汚い太鼓を買ってきた。小僧がハタキをかけていると音が鳴り、一人の侍がやってきた。殿さまが駕籠《かご》の中で聞いて気に入ったとのこと。「お屋敷まで持参いたせぃ」。

売れたと早合点した甚兵衛だったが「こんな汚い太鼓を持って行ったらしくじるに決まってる。仕入れ値の一分で売ってくるんだよ」と、しっかり者の女房に言われ、すっかり弱気になって出かけて行った。ところが、太鼓は世に二つとない名品「火焔太鼓」。三百両で殿さまのお買い上げとなった。

大金を懐に、こけつまろびつ帰宅した甚兵衛。家に着くなり、女房に事の顛末を訴えるが信じてもらえない。五十両ずつ叩きつけるようにして女房の目の前に置くと、女房は仰天して「おまえさん、商売が上手！」。いい気になった甚兵衛が「これからは音の出るものに限る。今度は景気よく火の見櫓《やぐら》の半鐘《はんしょう》を仕入れよう」と女房に言うと、「半鐘はいけないよ、おジャンになるから」。

談慶が聞く　ハプニングは素敵だ！

談　慶「どうも、談慶です。いやあ、三百両も儲《もう》かってよかったですねえ」
甚兵衛「え、なんの話」
談　慶「もう忘れてるんですか?!」
女　房「ほら、おまえさん、火焔太鼓の話だよ」
甚兵衛「ああ、そんなことがあったなぁ」
女　房「やだよおまえさんったら。ま、そんな目の前しか見てないところに、あたしは惚れたんだけどもね」
甚兵衛「確かに俺は前しか見てねえなぁ」
女　房「あたしゃおまえさんの背中しか見てないってこと」
甚兵衛「男のバカと女の利口ってのはやっぱりいいもんだよなぁ」
女　房「もう、おまえさんったら」
（二人、笑い合って、見つめ合う）
談　慶「……あの、私がここにいるんですが」
甚兵衛「あれ、誰だい？　あんた」

談慶「さっきご挨拶しましたが、談慶です！」
女房「ほら、おまえさん、談志さんとこのお弟子さんだよ」
甚兵衛「ああ、あのめんどうくさい落語家の？」
女房「めんどうくさいは余計だよ、理屈っぽいだけだって」
談慶「おかみさんも結構言いますね。あれから儲かってますか？」
女房「この人さ、また太鼓仕入れて来てさ、いつの間にか家は太鼓屋になっちゃって」
甚兵衛「あははは。音が出るものはいいなぁと言ったら、そうなっちゃった。つうか、儲かるとか儲からないとかでやっているわけじゃないんだよなぁ。毎日のんびり暮らせればそれだけでいいんだよ」
談慶「お、素晴らしい発言」
甚兵衛「だってさ、俺が儲《もう》けたってことはさ、どこかで誰かが損をしているってことじゃないのかな」
女房「まあ、おまえさん、素敵！　おまえさんは商売が上手！」
甚兵衛「おまえ、そのセリフばかりだなぁ」
女房「だって、おまえさん……」
（二人、見つめ合う）

談慶「（咳払い）私、じゃまみたいですね」
女房「……あら、ごめんなさい」
談慶「でも、『誰かが儲けている時は、誰かがどこかで損をしている時だ』っていうのは名言です。我々が生きる現代では、そんな感覚はありませんから。ただ儲かればいい、勝ち組に入ればいいっていってみんながみんなで思っているんですよ」
女房「まあ、ずいぶんギスギスしてる感じ」
談慶「まさに、ギスギスしています」
甚兵衛「じゃあ、俺みたいな商売人はいないのかなぁ」
談慶「皆無です」
甚兵衛「だってさ、じゃあ、そんなに儲けてどうするの？　人より儲け続けていたら、かえって恨まれちまうだけだし、そうなれば損だしさあ。そこそこ稼いでいるだけでいいだろ」
談慶「甚兵衛さんのそんな佇《たたず》まいを、この落語から感じて、現代人は、落語っていいなぁと、のどかさを感じているんですよ。サラリーマンなんて予算とかノルマに縛られて苦労していますから」
女房「じゃあ、うちの人、役立っているの？」

談　慶「もちろんですよ」
女　房「わー、嬉しいね、おまえさん！」
甚兵衛「なあ」
（二人、見つめ合う）
談　慶「……。あの」
女　房「あ、ごめんなさい」
談　慶「まあ、特にお二人みたいな『しっかり者の女房と体《てい》たらくな旦那』というコンビは理想のカップルなんですよ」
甚兵衛「おいおい、俺を体たらくだなんて。まいったな。ほめるなよ」
談　慶「いや、ほめていませんが。……うちらの夫婦も、つい先日次男坊から、『ママは、ダメな男の人が好きなのかもね』と言われている始末です」
甚兵衛「……談慶さん、今度一緒に飲もうぜ。ダメ男同士、分かち合いたいな」
談　慶「いや、甚兵衛さんからそう言われると複雑な気持ちになりますって」

世の中をついでに生きる

架空対談、いかがでしたでしょうか？　このような形で落語の登場人物と話してみると、彼らなりの価値観に触れることができて、思わぬホンネを拾えたりして、かなり有意義です。談志はよくこんな感じで「話してみろ」と弟子たちにけしかけていたものです。

少し話題からそれますが、**「『疝気《せんき》の虫』という落語をまねればいいんだ。あんな形で病気と話してみればいい。ガン細胞にも語りかけてみろ。向こうにも言い分があるはずだ。そういう会話を持たないで一方的に処理するところに今の医学の傲慢《ごうまん》がある」**とも言っていました。

何事においても、会話というかコミュニケーションを取ろうとしていた師匠でした。

そんな師匠からの教育を受けてきたからこその、架空対談なのであります。

さて、甚兵衛さんからふと出た言葉「そんなに儲けてどうするの」は、現代の利潤最優先思考をあざ笑うような感じが清々しいものであります。確かに古典落語では、儲けようと必死になっている人がメインになる場面は圧倒的に少ないように思えます。まして甚兵衛さんは古道具屋さん。どう考えても、それほど需要があるジャンルの商売には思えません（ま、そう考えてしまうこと自体、現代風な価値観に染まっている証拠なのでしょうが）。

やはり、古今亭《ここんてい》志ん朝師匠が『火焔太鼓』のマクラで甚兵衛さんを評して「世の中をついでに生きている」と言っていますが、言い得て妙であります。「ついでに生きる」というのは、メイン的な立ち位置の放棄であります。あくまでも副次的な形で生息するというのんきさを如実に表した落語家らしい表現ですが、それが生き馬の目を抜くような世界で生きている我々からしてみれば、限りなくホッとできてしまうのが、またおもしろいところでありますな。

考えてみると、落語の登場人物は、与太郎をはじめ、そんな連中ばかりです。成長主義思考で疲れ果てた現代人からしてみれば、彼らはまぶしい「スーパーサブ的ポジション」に映ってしまいます。

職業の数がどんどん減っていると聞いたことがあります。江戸時代は採れた野菜を一品一品売りに歩いてきました。大根なら大根だけ、かぼちゃならかぼちゃだけと、野菜の種類に応じた数の商売が成立していたのを思うと、世の中の進歩にしたがって、時代と共に職業の数は減少していくのかもしれません。確かに、職業の数自体が少ないほうが効率的であります。まずロスがありません。逆に言えば、昔は非効率が当然だったからこそ、職業の数も多かったとも言えます。

むろん、ここで先祖返りをして、昔と同じように職業の数を元に戻して非効率に訴えろという気持ちはサラサラありません。そうではなく、効率性第一主義がストレスフル社会をもたらしているという事実があるのならば、それに反旗を翻すことができる世代があるのではないかと訴えたいのです。

もうおわかりですよね？　そう、それが老後です。

老後は誰もが甚兵衛さんを目指すべきです。趣味をはじめとして、「儲からないものを気長にやる」姿勢こそが、行き過ぎた利潤追求主義を緩和させて、日本全体を成長から成熟へと変換させるきっかけになるものと、密かに確信しています。

儲けは若い世代へ譲ればいいのです。最低限の食い扶持さえ手にしたら、あとは泰然と構える風情を保っていれば、若い世代にはむしろ、頼もしく映るはずです。

以前、シルバー人材派遣で「昔取った杵柄ですよ」と謙遜しながら安い値段で壊れたドアノブを直しにきてくださった方は、その穏やかな佇まいと相まって、まぶしく見えたものです。「いまは、若い人たちの聞き役なんですよ」と言い切る笑みには、自信すら垣間見えました。

ここなんです。聞き役なんですな、やはり。

社長や会長は前面に出てくるのではなく、第一線で奮闘する人たちからアドバイスを要求される聞き役＝相談役的立場を目指していれば、老害などと陰で揶揄《やゆ》されることもありません。むしろそれは、童話に出てくるような村の長老みたいな存在でしょうか。「現代における村の長老」、考えただけでかっこいいなと思いませんか？

雨が降らずに悩んでいる若い人たちに向かって、「心配ない、五十年前なんかもっとひどかったよ」と自らの経験に基づいて優しく語りかけたとしたら、きっと尊敬されるはずです。理想はアンチエイジングではなく、アンチアンチエイジング。寄る年波をごまかすのではなく、活かすのです。と、言いながら、若い者に負けじとひたすらジムに通ってベンチプレス自己記録更新を狙う私は、ほんと矛盾野郎ですなぁ（笑）。

冗談はともかく、そんな対立項ばかりの目立つ社会における中和的役割は、老後を迎えた人たちにしかできないはずです。甚兵衛さんはまさにそんな象徴のように思えてなりません。

ハッピーエンドの処方箋

先日、家族で夕食を食べながらおもしろい話になりました。それは、次男坊が「ママは、なんのかんの言って、ダメンズ（ダメ男）が好きなのかもね」と。まさに「寸鉄人を刺す」一言で、食卓は爆笑の渦となりました。

中三の次男坊、この子は、幼い頃、壊れてしまった冷蔵庫を廃品業者が引き取りに来たところ、冷蔵庫がかわいそうだと業者のトラックの後を泣きながら追いかけたというエピソードがあるくらい感受性の豊かな子で、我が家の天使的役割を担ってくれています。もちろん、これは間違いなく親の欲目であることをお許しいただくとして。そんな息子の放った一言は、我が家的大ホームランでした。

私、結婚した時はまだ前座という付き人レベルの立場でした。二〇〇〇年頃でしょうか、その頃の私は、最低限の生活を送るだけの稼ぎは確かにありましたが、それとて不安定で、なによりもまず、師匠に認められていないあやふやな身分でした。「前座は師匠にプライベートな部分を晒《さら》してはいけない」というこの世界の不文律を踏まえてみると、そんな時期に結婚するというのはもってのほかでもありました（実際師匠には激怒されたものです）。そういう話を小さい頃から聞かされていた次男坊にしてみれば、母親が、よくもまあこんな体たらくな父親と結婚したもんだという思いが募ったシニカルな意見でありました。

そこには、ある意味、カミさんの勇気を評価するニュアンスも込められていました。もっとも、そうしないと自分が生まれなかったのですから、それは当然でもありますが。

はてさて、以後、おかげさまで夫婦は円満、かつての私のそんな話で笑えるような明るい家庭の雰囲気が保たれています。

こんな私の立場を責任転嫁するようですが、落語に出てくる人間たちは、我が家の夫婦と同じように、この『火焔太鼓』の夫婦をはじめとして、「だらしない亭主としっかり者の女房」という名コンビばかりであります。『芝浜』では大酒飲みの亭主を立ち直らせようとするできた女房が登場しますし、『錦《にしき》の袈裟《けさ》』では、与太郎が亭主で、「亭主に恥をかかせないように遊廓《ゆうかく》に行かせるためのアドバイスを送る」という、男にとっては夢のような女房が登場します。

落語には、江戸の人間たちの理想が反映されているのかもしれません。「こんな風だったらおもしろいな」「こんな展開だったらいいな」と、江戸の庶民たちのささやかな願いが託されて現代《いま》に受け継がれているのが落語だとするならば、やや強引な理屈ではありますが、やはり「ダメンズを支える女性」こそが、幸せの象徴ではないかと思えてきます。前出の次男坊の言葉を借りるならば、カミさんに母性本能があったからこそ救われた私であります。

落語の中には、女性蔑視のシーンが一切出てきません。確かに吉原は、貧しさゆえに売られてきた女性たちが住む世界ではありますが、落語の廓噺《くるわ》では、苦界《くがい》そのものがテーマになっているわけではありません。『紺屋高尾《こうやたかお》』では最高の憧れの女性が、そして『お見立て』ではお調子者で傍若無人《ぼうじゃくぶじん》な男が、それぞれ描かれています。

男が作り上げた妄想の世界が落語だとしたら、その中で女性は、男にとって蔑視の対象ではなく、賢くて頭の上がらない存在として描かれるのは当然のことなのでしょう。もっともそれは、男の側のただの甘えなのかもしれませんが。「日の本は岩戸神楽の昔から女ならでは夜の明けぬ国」なんていう歌がしっかり残る国であります。女性であるアメノウズメが天照大神の心を動かしたことがきっかけで、天の岩戸が開けられ、この世を明るくしてくれたのですから。本来、女性の地位は高かったのでしょう。

日本はもともと母系制社会でした。夫婦が同居せず、夫が妻の家を訪ねる婚姻形態の妻問婚《つまどいこん》が一般的だったために平安時代には、光源氏が多くの女性の家を訪れ、いずれとも契りを交わすことができたのです。これ、家にいちいち引っ張り込んでいたらたまりません。

歴史学者の網野善彦《あみのよしひこ》先生の本によると「中世は女性にも家督相続権があった」と書かれています。意外に思うかもしれませんが、未亡人や娘が家督を相続した事例が残っていて、大河ドラマの主人公になった遠江井伊谷《とおとうみいいのや》の領主・井伊直虎《なおとら》もその一人。この女性は、桜田門外の変で攘夷派に暗殺された大老の井伊直弼《なおすけ》の祖先です。

武家が台頭してきた頃から嫁取りが行われるようになり、室町時代から徐々に母系制が崩れていきます。中世の惣領制《そうりょうせい》をルーツとする日本の家父長制が広く一般的になったのは江戸時代。幕府による統制と儒教の浸透もあって、武士階層を核にして定着していきました。

明治維新によって、旧態依然《きゅうたいいぜん》とした何もかもが変革されたように思われていますが、明治政府は民法によって家父長制を法制化しました。これは男尊女卑に固執した薩長政府の中枢が「女性をカヤの外」に置いたほうがつごうがいいと考えたのかもしれません。いずれにしても、女性に選挙権が与えられたのは第二次世界大戦後のこと。まあ、フランスにしても、革命後に普通選挙権を与えられたのは男性だけでしたから、致し方ないのかもしれませんが。

落語のストーリーの基本がハッピーエンドなのを踏まえると、やはり「かかあ天下」こそが平和の象徴であり、落語の眼目でもあると断言はできます。実質的に、世は女性によって動かされていると考えてもあながち外れではないでしょう。

昨日もカミさんに「オール電化にしようか」などと深いことは何も考えずに提案してみたら、「いくらかかると思ってんの？　初期投資とかどのくらいかかるかわかってるの?!」とあっさり却下されてしまい、またしても息子二人に指を差されて笑われてしまいました。まさに我が家は「オール電化よりかかあ天下だった」というオチであります。

いやはやダメな亭主同士、『火焔太鼓』の甚兵衛さんになぐさめてもらいながらその店先で飲みたいものですな。限りないシンパシーをお互い感じ合いたいものであります。

文明ではなく文化をめざせ

いまの時代から考えてみると、古道具屋なんて趣味人対象のマニアックな商売で、儲かるようにはとても思えません。当時はリサイクルが普通でしたから、趣味というよりは需要があって成り立っていたわけで、「そこそこ」で御《おん》の字という商売でした。ま、儲かるか儲からないかをまず考えている時点で、すでに現代風な考え方なのでありますが……。

ちなみに、いまでは若手二つ目さんでも頻繁にかけるようになった『火焔太鼓』ではありますが、甚兵衛さんの「俺が古いので損したといえば」の箇所がオリジナルのギャグを入れやすいところとなっています。ここのところで、「あぁ、懐かしいなぁ。そんなものあったなぁ」と思わせるような品物を必死で考え抜くものであります。

放送作家の高田文夫先生は、立川流Bコースという著名人コースの真打ち昇進第一号で『火焔太鼓』を得意ネタとしていました。「俺が古いんで損したものと言えば、『象が踏んでも壊れない筆箱』に、『紅茶キノコ』に」などと、微妙な懐かしさで、それが流行した当時を思い起こさせるモノたちを取り込み、笑いに変換させていたものです。学生時代の私は、高田先生のそんな落語の現代的演出にときめきましたっけ。

いま、ふっと思ったのですが、これがギャグとして生きるということは、「現代においては、中途半端に古いものは笑いのネタにしかならない」という証拠なのかもしれません。それは我々の身のまわりにあるものの大半が工場で作られた大量生産品だからでしょう。大量生産ゆえ、その生命のサイクルも短く、一時期流行ったとしても、即座に時代遅れとなり、その結果として笑いの対象になるのです。書籍もいまや完全に同じ運命をたどっているような格好です。三か月で結果が出ないと店頭から消えるという過酷な環境に置かれているのが現状です（だから、この本、知り合いにもすすめてください！）。

さて、『火焔太鼓』に話を戻しましょう。

古今亭志ん生師匠が一代で磨き上げたこのネタは、その息子である志ん朝師匠が、名人志ん生ならではのフワフワとした草書感とは真逆の、きっちりとした楷書の芸に仕立て上げることで、次の時代へとつなげることになりました。つまり、新たな型を作り出すことによって、変化の可能性を次世代へつなげてくれたということでしょうか。志ん生師匠のママだとしたら、現代の落語家たちがそれぞれのセンスで演じる自由さは生まれなかったかもしれません。「型があってはじめて型破り」になるのですから。

改めて、六十代前半で亡くなってしまった志ん朝師匠を惜しむのみであります。古典落語を喋ることは、同時に次世代に向けて受け継いでいくことなのではないかと、身を引き締めて感じる次第です。

「言葉も文明の一部だ」とは、談志の定義であります。大量生産の品物だけではなく、我々が普段から使う言葉も文明だというのは確かに鋭い解釈です。そうであるならば、「文明の部品」である言葉で構築される落語は、文化(culture)ではなくむしろ文明(civilization)に魂を譲り渡してしまう可能性さえあります。つまりそれは、「文化としての落語」の危機的状況が危惧されるということです。

そのあたりの危機感から、談志は晩年**「江戸の風」**ということを強く言っていました。弟子たちに歌舞音曲の習得をするようにと口うるさかったのは、「落語の灯を消すな」という思いからに他なりません。つまり談志は、「文明としての落語ではなく、文化としての落語を語るべきなんだ」と、訴え続けていたのです。

落語が「テレビが主戦場の芸能」だったとしたら、「早く売れなければならない」という意識になるのは当然のことで、これは文明に毒された感覚です。私も長きにわたる前座時代には、文明に毒され腐りかかったこともありましたが、そこは辛抱《しんぼう》ガマン！　そうして現在に至るまで、「古道具にしろ落語にしろ、文明になびきさえしなければ、いつかは当たる可能性もある」と、いつも明日を夢見てモチベーションを保ち続けています。落語も、そして拙著も、ロングセラーになるようにとの願いをこめ、日々を積み重ねていく所存です。

考えてみたら、老後はある意味、壮大なおまけの期間でもあります。おまけなんだから、文明的要素を拒否できる立場と言えなくもありません。まして商売は、火焔太鼓しかりで何が当たるかわかりません。

『火焔太鼓』で、「古いもので儲かったためしがない」と亭主を揶揄した女房は文明側の立場の感覚です。それが、想定外の太鼓が売れることでガラリと変わって、ラスト近くでは「古いものはいい！」と絶叫するに至り、ここが最もウケるところです。注目していただきたいのは、ここなんです。老後を迎えた人々こそが、文明第一主義、利益至上主義に陥っている世間に、「古いものはいい！　古い世代はいい！」と言わせてひと泡吹かせる存在になるべきなのです。

出会いも勝負もまだまだこれから。そう考えるとワクワクしてきませんか。

「のんき」はやさしい

大量生産を旨《むね》とする社会は、大量消費が前提でもあります。いや、むしろ逆で、大量消費の癖をつけさせておかないと大量生産へと結びつかないのでしょうか。いずれにしても儲《もう》けるためであります。

私、ワコール勤務時代は、九州エリアは福岡佐賀県地区の専門店担当のセールスマンでした。数名ほどのセールスマンが同地区をシェアし合い、それぞれ受け持つお得意先への商品納入金額の総和が九州支社である福岡店の売り上げ金額に相当していました。

まだ平成の始まりだったあの頃は、昭和の高度経済成長の残影が色濃く残る時代で、「対前年比」というまったく根拠のないデータを基本として販売計画を練っていたものです。いま考えてみると、今年は昨年よりいいはずという右肩上がりの盲信に過ぎないのに、世の中全体がそんな風潮に疑問を持たなかったのです。私もサラリーマン時代は、何度も予算を割り込んで、月末近くになるとつらい思いをしたものです。

あの頃、日本の企業はほとんどブラックでした。いま考えると、そんなブラック企業への応援歌が、電通の高橋まつりさんを死に追いやった「電通鬼十則」です。ワコールの朝礼では、電通鬼十則から転用した文言を毎日連呼させられていました。そして、降って湧いたようなバブル景気が、そんな体育会系オラオラ言動モードをますます増幅させていったのです。

ある時、「こんな状況はそんなに続かないから」という気分になり、上京して落語家になろうと決心しました。平成三年のことです。

好景気のあの頃、そんな無謀な転身は共感を得られるはずもなく、大学の落語研究会の先輩方からは冷ややかに見られていたものですが、そんな先輩方がいまや定年間際となり、昔取った杵柄とばかりにSNSで落語をやっている写真などをアップしているのを見るたびに、つらい思いはしたけれど、尊敬する談志のもとで、きちんと談志に評価されて真打ちになってよかったなと思うのみであります。

あの頃の私に違和感を覚えた先輩方は最先端のサラリーマン、つまり文明側の人で、後先考えずに落語家になろうとした私は、古道具屋の甚兵衛さん側の人間と大まかにカテゴライズしてみます。落語家になりたいとある先輩に打ち明けると、「なにをのんきな」と笑われたものです。文明側から見ると、対極に位置するメンタリティーはのんきということができます。


江戸は一〇〇万人を超える当時世界最大の都市でしたが、大量消費社会ではなくリサイクル社会でした。長屋の共同便所から得られる人糞は近隣のお百姓さんがわざわざ買い付けにくる有機肥料でもありましたし、割れた徳利などは「へっつい」に塗り込むなどして、うまい具合に「外にゴミが出ないコミュニティ」として回転していました。古道具屋さんなんかその象徴で、世の中のものは基本使いまわしですませていたのです。

江戸時代のようなリサイクル社会では、いったん落ち着いて「どうすればまだ使えるようになるか」と考えます。つまり考える猶予がうまれ、それが基調となるはずです。この精神的猶予は、ある意味のんきを担保にしないと成立しません。そんなのんきな空気感が積み重なって、落語に代表される江戸文化が醸成されていったように思います。

資本主義は止まることを知りません。バブルがはじけて、対前年比思考のナンセンスさに気づいたとしても、相変わらずセコイことで儲けようとシャカリキです。超一流企業によるデータ改ざんなどの、外で売って儲からない時代なら、中でかかる経費を節減しようという思考が、一般にもすっかり行き渡ってしまった感があります。

かえりみるに、この二十年の間に、都銀である北海道拓殖銀行がつぶれ、山一證券が消えました。

江戸時代のように何事にものんきに舵《かじ》をきれというのではなく、殺気に満ちた現代の中に、いかにアップデートされた現代風のんきを注入していくかが、これからの日本が目指すステージであり、そのような役目の担い手こそ、老後世代のように思うのです。

話は飛躍しますが、先日「耳が不自由なスタッフで運営するカフェ」の記事を目にしました。同じような記事をたどっていたら、「認知症の方が働く、ミスを受け入れる世界一やさしい料理店」のニュースにたどり着きました。

老後とは、生産第一、消費第一の現場から離れた格好になるはずです。動作も肉体の衰えと共にスローになるはずです。まして、これからはそんな人たちが主流を占める時代になっていくのですもの。すぐに結果や結論の出るジャンルはＡＩに任せて、なかなか成果の出ないことを愛おしむのんきを、みんなで持つようになりたいものです。のんきとは、すぐに答えを求めない優しい心にもつながるはずです。

仕事を好きになる

大切なのは、のんき。効率至上主義という呪縛から心身ともに解放してあげることです。そういうことを臆面もなくできるのが老後世代であり、それを強みにすることで、残された時間がきっと有意義なものになるはずだと思います。のんきを標榜《ひょうぼう》することで、新たなマーケットが広がり、さらなる居場所が確保されるとしたら、最高のパラドックスでもあります。

そんな、のんきを全面的に味わえる時間と空間こそが、落語だと思います。のんきになかなか舵をきれないマジメな方々、どうかこれを機会に、まず落語に接してみてはいかがでしょうか？

落語で、のんき肯定症候群に感染したら、次は目の前の仕事に目を向けてみます。もう第一線から離れているので、しゃかりきに働く必要はありませんが、ここでよく巷《ちまた》で聞かされるのが、「定年退職を迎えると、なかなか好きな仕事が見つからない」という声です。「いいなぁ、落語家さんは、好きな仕事をずっと続けられて」「私はサラリーマン時代から好きな仕事を与えられてこなかった」などと、過去のできごとの述懐《じゅっかい》から、さらには恨み節をぶつけてくるような方に出くわす時もあります。そういう方々はマジメなんでしょうなぁ。むろん、マジメだからこそ、一つの会社にずっと定年退職まで勤めあげることができたのですから、そんな素晴らしい生き様をむしろ限りなくリスペクトします。

ここからは、このように考えたらいかがでしょうか？

「好きでもないことを、定年退職まで続けてこられたのは、実は気がつかないうちにその仕事が好きになっていたのでは？」と。要するに「長年連れ添う奥さまと同じなのだ」と。つまり、好きという感覚が当たり前になってしまっているせいで、最初のときめきとかがなくなっていただけなのだと。

もっと、わかりやすく言うならば「会社を辞めるまで続けてきた仕事を擬人化させて、一瞬、奥さまと置き換えてみたら」ということです。

これは、私自身が「あなたと私って最初はどうかと思っていたけれども、案外長続きしてるわよね」とカミさんに言われたセリフからの提案です。『火焔太鼓』の甚兵衛さんも「世の中ついでに生きている人」ですから、おそらく古道具屋という仕事が好きで好きでたまらなくて選んだのではないはずです。そしてその女房も、そんなのんきな亭主と燃えるような恋愛の果てに一緒になったなんて絶対ないはずです。いや、おそらく古典落語の登場人物、その背景である江戸時代の人々にも、そんな感覚はあまりなかったように思います（言うまでもなく例外もいたはずですが）。

そう考えてみると、好きを仕事になんて、現代の、しかもごく最近の人々のヤワな価値観そのもの。もっと言い切ってしまいますね。つまり。好きなことを仕事にするのではなく、「やる仕事を好きになってみる」という了見こそが、大切なのではないでしょうか？

こういう具合に考え方というか、受け止め方を変えてみると、なんだか見えなかったものが見えてくるような気持ちになりませんでしょうか？

シルバー人材センターにまず登録してみましょう。そこで出会った人や仕事を、好きになってみようとしているうちに、好きになってしまったとしたら、結果として好きなことを仕事にしているという理想の自分に出会えるのかもしれません。

言うまでもなく、これは老後世代に向けてのみの意見ではありません。これから就職しようという若者、なかなかいい転職先が見つからない人々に向けての提案でもあります。

くどいようですが、そうなるためにはかなりの長期戦を覚悟しなければなりません。逆に長期戦を構える覚悟を醸成するためにも、のんきさが必要なのだと思うのです。


こんなことを考えると、いつも頭を過ぎるのは数年前に亡くなった父のことです。父は戦争が終わった昭和二十年、高等小学校を卒業した十四歳で勤務しはじめた会社で定年退職までの四十一年間を見事に勤めあげました。

私は大学も現役合格し、ワコール時代も無遅刻無欠勤で三年間過ごして効率思考になっていて「親父みたいな不器用な人生は歩まない。二年ぐらいですぐ二つ目になって独自の展開をし、売れてやる」みたいな、勝手な絵空事を思い描き、「古典落語を五十席覚えればすぐ二つ目だ」という談志の本の中の言葉を真に受け、そこに行けば落語協会とは真逆の合理的な修業をさせてくれるだろうという考えのもと、立川流を選びました。ところがどっこい、前座突破に十年近くもかかってしまいました。親父の生き方を否定したつもりが、親父以上に不器用なまわり道人生を歩んでいたのです。

なかなか芽が出ない時期に、愚痴混じりに親父にいろんなことをこぼすたび、無口な親父はただ「焦るなよ」とつぶやいたものでした。いま考えてみると、傍から見ればのんきで不器用にしか見えない親父でしたが、そんな生き方にもきっと覚悟があったのだろうなぁと、手を合わせるのみであります。

必須アイテムはコミュニケーション能力

「老後という概念は古典落語の登場人物にはない概念だ」と申し上げました。

談志のギャグで**「若いヤツなんて長生きするわけない。それが証拠に若いヤツで長生きしているヤツは一人もいない」**という秀逸《しゅういつ》なものがあります。すごい視点ですよね。この考えを拡大すると、年を取るということはある意味、お年寄りの素晴らしい特権なのかもしれないと思えてしまいます。

飛躍させ過ぎかもしれませんが、「若い人でお年寄りはいません」もんね。

さて、なぜ古典落語の登場人物には、老後という概念がなかったのでしょうか？　それは、いつの世だって生きるのに必死で、先々のことなどを考えるゆとりなどなかったからかもしれません。

くどいようですが、老後という考えは、やはり、ごく最近になってから「人生設計」などという言葉とワンセットになって浮かび上がってきたとらえ方だと思います。

人生なんて設計できるはずなんかありません。私がいい見本です。

我が身を振り返ると、二十五歳の時に自分の才能を過信して「俺にだって落語はできる！」と立川談志門下に入門しました。もっとも、そんな大きな誤解がないと乗り越えられないほど厳しい世界ではあります。その時点で、人生設計なんぞ破たんしてしまいました。そしてそれを証明するかのように、師匠談志から不遇の時代を課せられ、それはまるで、それまでの甘い考えに対するペナルティのように思えたものです。

このように、人生設計とはまったく無縁の私でも、今ではなんとかなっちゃっています。講演や落語会のお話もいただけるようになり、おかげさまで事務所にも所属し、子ども二人を行きたい学校に行かせて、家のローンまで組ませてもらう日々を送っています。いまや人生設計という言葉に、人生という「明日何が起きるかわからない未来」は、辛抱、ガマン、努力、そして時間さえ惜しまなければ、やがて自力で制御できるかもというような具合に、いささか「思いあがり」にも似た期待感を抱いているこの頃の私であります。

人生設計にこだわらないといっても、無軌道で自堕落な日々を過ごしてもいいという短絡的な意味ではありません。「失敗したってなんとかなるさ」「脇道にそれても、まっすぐ進んでいきさえすれば大丈夫」と、私自身、過去の自分の人生を振り返って実感するのです。つまり、もっと「人生の免疫力」を信じましょうと言いたいのです。

傷や病気の大半が放っておけば自然と治るのと同じように、黙っていてもいい時にいい出会いは訪れ、なんとかなるものです。まさに『火焔太鼓』なんかそうですよね。何も考えていなくてもなんとかなってしまって、ダメな物にしか見えなかった太鼓が売れてしまう噺なんですから。

では、そんな人生における自然治癒力をアップさせるにはどうしたらよいのでしょうか？　答えは「仲間作り」と、私は踏んでいます。

この『火焔太鼓』の冒頭で、女房が甚兵衛さんをなじります。

「売らなきゃいけないものを売らないで、そのくせ売らなくてもいいものを売っちゃうんだから、おまえさんは。お向かいの米屋の旦那が『甚兵衛さん、この火鉢いい火鉢だね』『ええ、いい火鉢ですよ、よかったら売りましょうか』って売っちゃったじゃないか。うちに火鉢がなくなっちゃったよ。寒くて仕方ないから、お向かいの米屋まで毎日当たりに行ってさ。だから旦那がそう言ってたよ。『なんだか知らないけど、火鉢と一緒に甚兵衛さんも買っちゃったみたいだって』」

志ん朝師匠の名調子で甚兵衛さんの人柄が伝わるおもしろい部分ですが、何も考えずにぼんやりと生きている甚兵衛さんを、「火鉢と一緒に買っちゃったみたいだ」と、見事にのんきに形容してくれる米屋の旦那のようなよき仲間に恵まれていたことが、「人生の免疫力」向上の秘訣だと思うのです。

普段からのコミュニケーション能力が起点となって、世に二つとない名品＝火焔太鼓を売るという、きわめつきの幸運に恵まれたとは考えられないでしょうか？　おそらくはそんな塩梅《あんばい》で、儲けた三百両も、「宵越しのカネは持たねぇ」とばかり、独り占めなぞはしなかったと想像します。みんなで楽しく飲んでいる絵しか浮かんできませんもの。まさに「奪い合えば足りないが、分け合えば余る」の精神、これが古典落語の世界観です。

そう考えてみたら、江戸の町に住む人々は、いま流行りのシェア社会の実践版であったように思えてきますなぁ。おそらくそんな円満なコミュニケーションを構築するために、日頃からおすそ分けなどしていたと思います。

ささやかな積み重ねが、いざという時にあなたを守ってくれる防波堤になると思います。仲間作りこそが、あなたの老後を守ってくれるのです。

第6章

自分至上主義の痛快

エピソード6

『権《ごん》助《すけ》魚《ざかな》』

ストレスフリーの達人の噺

旦那が妾《めかけ》の家に行くと思った女房は、使用人の権助に旦那の供をさせ、行き先を確かめるようにと一円の小遣いを渡す。「帰りは遅くなる。泊まりになるかもしれない」と言う旦那に、強引に権助を付けて送り出した。

妾の家に行くのだとわかっている権助が旦那をいじりだすと、旦那は二円を渡し、「知り合いに会ったので柳橋の料亭へ行って、天気がいいから隅田川の船宿から船を出して網打ちをしたということにし、網取り魚を持ち帰って女房に見せて、旦那は湯河原へ行ったことにしろ」と言い含める。

二円で旦那に寝返った権助は、魚屋で「網取り魚をくだせえ」と切り出すが、魚屋は「うちの魚はどれも網で獲れたもんだよ」と言うので、目に付いた魚を片っ端から買うのだが、隅田川では獲れない魚ばかり。

早々に戻った権助は女房に責められ、買ってきた網取り魚を見せる。あきれた女房は「この魚は関東一円じゃ獲れないの！」「いや、一円じゃございません。旦那から二円もらって頼まれた」。

談慶が聞く　忖度《そんたく》なんて、損でしょう！

談慶「ほんと権助さんって、ぶっちゃけ聞きますけど、どうしてそんなに傍若《ぼうじゃく》無人《ぶじん》なんですか？」

権助「おまえ、傍若無人だな」

談慶「あなたにそう言われるとは思わなかった」

権助「いやあ、照れるな、そうやってほめられると」

談慶「いや、ほめちゃいないけど。権助さんの空気を読まないところが笑えるんですよ」

権助「いや、待てよ。空気なんて読むもんじゃないだろ。吸うもんだろ」

談慶「何気に名言ですよ、それ。いつも不思議に思うのが、旦那さんがお妾さんのところに出かけるという微妙な場面で、よくあなたは出てきますよね？」

権助「ああ、『権助提灯』とかな。俺は、ほら、誰もが気づかい過ぎて遠慮しなきゃいけないところで遠慮しないからかな。つうか、談慶、いつも思うんだけど、人間はなんで遠慮なんかするんだろう」

談慶「深いですよ、それも。多分、遠慮はいつの時代からかエチケットになってしまっているのかも」
権助「遠慮ってなんなんだろう。俺が昔住んでいた田舎じゃ遠慮なんかみんなしなかった」
談慶「相当な覚悟を持って江戸に出て来たのでしょうか？」
権助「覚悟なんて大それたものでもないけどな」
談慶「遠慮は、もしかしたら日本人特有の感性かもしれないですな。仲間内で居酒屋に入って人数プラス一切の刺身とか残ったものを『遠慮のかたまり』と言うし」
権助「俺はそんなのを真っ先に食べるよ。遠慮のかたまりって栄養のかたまりだもの」
談慶「上手いこというなぁ。確かに今の世の中、遠慮をし過ぎてこうなっちゃったのかもしれない。会議とかでも意見や質問なんかあんまり出ないし。権助さんの無遠慮なふるまいに笑いがこぼれるのも、実はそんな人の到来を願っている証拠かもしれない。ある意味、与太郎と同じというか」
権助「俺と与太郎は一緒にしてもらいたくないけどな、あははは」
談慶「だってニシンとかスケソウダラとかタコなんてどう考えても隅田川では

獲れないでしょ？」

権助「あははは、実はな、あれ、わざとなんだよ。俺だってそのぐらいわかるよ。でもそうした方がウケるだろ。お客さまも笑ってるだろ？」

談慶「わー、計算してたんだ！　わかった、権助さん、遠慮しないのはある意味あなたの覚悟なのかも！」

田舎者の了見

江戸の歴史をかいつまんでお話しします。徳川家康が江戸に領地を与えられ、はじめてこの地を見た時に、「なんたる湿地帯だ」と愕然《がくぜん》としたそうです。そこで「灌漑設備を整えて、乾田化させないと米の収穫は見込めない」と判断し、利根川を東に大きくずらすという壮大な計画を練ります。その際に必要だった労働力を、全国各地から求めることになりました。地方の農民の次男坊、三男坊が駆り出される格好で江戸に追いやられたのです。おそらく彼らの親からしてみれば、口減らしにもなるしと、利害関係は一致したはずです。

故郷を捨てた次男坊、三男坊がアメリカン・ドリームならぬ江戸ドリームを夢見て続々とその新興都市にやってきたのでしょう。そんな彼らと最初から江戸にいた根生《ねおい》の人々とが混在する形で、江戸の町は形成されていきました。

権助の祖先も、地方出身者ではなかったかと推察します。何代かを経て、「ご先祖さまも江戸に出向いたんだからおまえも」みたいな形で、口入れ屋を通して飯炊きにでも雇われたのでしょう。傍若無人なキャラクターとして演じられていますが、権助をそのような縦の系譜から見つめてみると、かなりのガッツのある男だと判断できるはずです。「江戸で一旗揚げてやる」みたいな気概は微塵《みじん》も感じませんが、『化け物使い』という落語に出てくる権助は、「奉公人が三日と辛抱できずに逃げ出す」という、すさまじく人使いの荒い旦那のところに三年も勤めるというタフネスさを見せています。傍若無人の裏にあるタフネスさこそが、権助の魅力といってもいいでしょう。

自分は長野の上田という片田舎で育ちました。そんなこともあって、権助の愛すべきキャラクターに親しみを感じて演じています。

上田というところは、今でこそ新幹線も開通し、下水道も完備されてはいますが、私が幼い時期を過ごした四〇年ほど前までは、ほんとうに田舎で、あらゆる不備は自分でなんとかするみたいな感じでもありました。中学までは片道二キロぐらいありましたが、もちろん徒歩です。『少年ジャンプ』も一日遅れで配達されていましたが、その頃は、それが当たり前だと思っていたので、決して不便とは感じなかったものです。豪雪地帯ほどではありませんでしたが、冬場の雪かきは当然の仕事でもありました。いま振り返ると、そこでの耐性のおかげで、体力的にも精神的にも強くなり、談志門下での前座時代を乗り越えられたのかもしれません。

談志は**「田舎者とは了見の問題で、出身地のことではない」**とよく言っていました。いつぞや、テレビで「詰め放題ツアー」なる特集番組を旅先かなんかで一緒に観たことがありました。必死の形相で他人よりも一つでも多くのリンゴだのをポリ袋に詰め込んでいる参加者のおばさんの姿がテレビに映し出されると露骨に嫌な顔になったものでした。

「ああいうのを、田舎者っていうんです」

ちなみに、談志が語尾に敬語を使う時は、相当嫌がっている証拠です（笑）。

以前、あるラジオ番組で某女性アーティストとの対談が企画されましたが、やはり相当機嫌が悪くなり、帰りの車中で「あの子は、もう一度教育をうけさせなければダメです」と言いましたっけ。「あの子」というには、ずいぶんトウが立った女性アーティストでしたが。談志は、「自分の言動が他人にどういう印象を与えるのか」というチェックの働かない人のことを田舎者と言っていたのですな。ぶっちゃけていうと、前座修業で問われるセンスは、そこだけにあると言っても過言ではありません。

人間の評価は、出身地で問われるものではありません。品性で決まるのです。談志は、「分をわきまえた人」をこよなく愛していたのです。地方での落語会の打ち上げなどでも、意気投合した節度ある方々とプライベートでも遊びに行っておりました。やはり「氏より育ち」なのでしょうなぁ。

前項で「権助の傍若無人さは覚悟から」と申しましたが、あくまでも落語の登場人物であることを差っ引きながら、地方出身者特有のしぶとさは見習うべきなのかもしれません。

考えてみたら、東京はほとんどが地方出身者で占められています。いわば東京こそが日本最大の田舎。なぜいつも活気があるのだろうと思っていましたが、それは数多《あまた》の地方出身者が個々のバイタリティをダイレクトにスパークさせ続けているからなのかもしれません。

大切なのはバランス感覚です。相手に不快感を与えないだけのエチケットを身につけながら、地方出身者のパワーを発揮できたとしたら、それはすごいことになるような気がします。

お洒落な権助を目指そう

権助は、『権助魚』や『権助提灯』のように、タイトルのアタマに名前が付くほど主人公的な役割をになうのに対して、与太郎がタイトルに登場することはありません。『牛ほめ』は与太郎噺ですが、『与太郎ほめ』などとは言いません。このあたりが、与太郎の奥ゆかしさなのかもしれません（ま、買いかぶりではありますが）。これに対して、やはり権助は図々しいのでしょう。

よく考えてみたら、この二人が会話をするシーンはほとんど見当たりません。やはりキャラクターがかぶるのでしょう。与太郎もすごいけど、与太郎の存在を認めて許容する落語の世界がすごいのです。そして、権助というパワフルで傍若無人なキャラクターを容認してしまうのも落語の奥深さ、許容度の広さではないかと思います。

権助は、与太郎より氏素性というか出身エリアが限定されている分だけ、よりリアルな存在です。カッコいい言い方をするならば、落語のロマンが与太郎を産んだのならば、落語のリアリティが権助を産んだといってもいいでしょう。夢物語的なキャラが与太郎だとすれば、現実世界の田舎者の代表格が権助。だからこそ、旦那がお妾さんのところへ密かに通うというセンシティブな行為に対して、無神経な権助が登用されるのでしょう。

『権助魚』の旦那が渋々権助をお供に連れていくという場面。当の権助は自分の履きものしか出していません。あきれた旦那が「太閤さま豊臣秀吉公というお方はご主人の信長公の草履を懐に入れて温めていたぐらいの忠義者だ。だから見ろ、のちに天下を取るまでになったんだ。おまえも少しは見習ったらどうだ」と小言を言うのですが、当人は「お言葉をけえすようですがのう、旦那。おら、天下を取るつう気はさらさらねえだよ」としゃあしゃあと言ってのけます。権助からしてみれば、「自分が天下を取るという大きな目標のもと生きているのならば、旦那のそのアドバイスは的確なのだが、私にはそのような大志はありませんから無駄なのです」というロジックです。

そのように考えてみると、与太郎は、ある種の理想型人物モデルではありますが、なかなかマネができません。マネをするなら、むしろ権助でしょう。

旦那に対する件《くだん》の権助の論理をトレースしてみるのです。いかがですか？

これが「お洒落な権助」という提案です。バイタリティとセンス、タフネスと洗練というアンビバレントな要素が掛け合わされたら、まさに理想的ではないでしょうか？

「それって、どんな存在なのかなぁ」とずっと考えていたのですが、女性に当てはめると小悪魔あたりでしょうか。

余談ですが、以前ネタとして、「小悪魔と自称する女性にまず小悪魔はいない。たいがいが悪魔そのものみたいな顔をしている」と言ったことがあります。

冗談はともかくも、小悪魔は女性にのみ限定される属性ですが、小悪魔とは、相手の言うことにへこたれないで自身の魅力を存分に噴出させ、相手をふりまわす「かわいらしいわがまま」を発揮する点では、充分に傍若無人で権助的資質であります。逆の見方をすれば、わがままをかわいらしく発揮させれば、小悪魔的、つまりお洒落な権助っぽくなれるように思います。ここでやはり必要となるのが、ズバリ！老人力です。

許される程度の図々しさなら、むしろ個性として認知されるでしょう。ずっと言い続けていますが、お年寄りは大目に見てもらえるはずです。そこに上手に甘えるべきなのです。いや、老人という属性をもっと有意義に使うべきなのです。「仕方ないよ、もうお年寄りなんだから」と、周囲に呆れさせるぐらいに。

地方出身とか、ご年配とか、マイナス要素を逆に利用してしまう「したたかさ」を発揮してみましょう。

具体的に言うならば、「年寄りの愚痴だと思って聞き流してね」というのを枕詞にして、図々しく言い切ってしまうのです。権助は言葉尻でフォローはしませんが、こんな具合で言ってみたらどうでしょうか？「年寄りのめんどうくさい愚痴だと思って聞き流してね、○○さんは、言葉づかいさえよければ、もっとモテるよ、キレイなんだから」。最後に「キレイなんだから」とか、「頭がいいんだから」とか、「性格いいんだから」とか、相手を持ち上げるセリフをその冒頭の枕詞とサンドイッチにするような言い方を心がけると、真ん中の一番言いたい事は緩和されて上手に伝わるはずです。どうです？ほんと、「カッコいい権助」っぽくなりますでしょ？

ズバリ言うと、物事はすべて加減の問題なのです。都《ど》々《ど》逸《いつ》の「丸い卵も切りようで四角、物も言いようで角が立つ」は、昔からの真理なのでしょう。町中にお洒落な小悪魔おばあちゃん、カッコいい権助おじいちゃんが増えたらそれは世直しであります。

権助に学ぶ鈍感力

法政大学の学長の田中優子先生と対談したことがあります。江戸文化の専門家の田中先生と「与太郎をはじめとする落語の登場人物のバラエティこそダイバーシティ（多様性）そのものだ」という話で盛り上がりました。与太郎もたいしたタマですが、与太郎を受け入れてしまう古典落語の度量というかおおらかさこそが肝なのでしょう。そんな与太郎に匹敵する濃いキャラクターの権助も、落語の世界では我が物顔です。

彼の魅力は、ずばり鈍感力でしょう。『権助提灯』では、旦那がお妾さんのところに向かうその道中で旦那に向かって、「そのわけえあまっこの『あんべえ（塩梅《あんばい》）』はどうだ？」と、敏感なことを堂々と聞いています。旦那は話をそらそうと「いい子だよ」と、まあ照れもあってアバウトに答えるのですが、権助ときたらさらに突っ込んで「いや、そだなことでねえ、あんべえはどうかと聞いとるだ」とさらに追及します。この噺を得意とする談志や一門の兄弟子の談四楼師匠のこのくだりを聞くと、何度も聞いているはずなのに、その演者のキャラクターと相まって思わず笑ってしまうシーンであり、私も大好きなところです。お客さまにもウケがいいというのは、実生活ではそんなことを堂々と聞く人間がいないからなのでしょう。

「常識という呪縛から逃れたくて落語を聞きに来るものだ」と、よく談志は言っていました。

昨今は「敏感過ぎる人たちだらけ」であります。SNSがそんな空気感を増幅しているように思います。LINEの既読という表示がその代表格でしょう。既読になっているということは、自分の送ったメッセージが読まれていることを指すのですが、そこですぐに返事がないと、「あ、私は嫌われているのかも」と思ってしまう女性が多いとか。

私の学生時代、それも四年生の就職活動のシーズンになると、友人たちはアルバイトで貯めたおカネで留守番電話を設置しはじめました。それまでは、電話をして相手が出ないと「ま、また後で電話しよう」とあきらめていたものです。それが普通でした。ちなみに、アルバイトすらしていなかった私には、考えもつかなかったことですが。

文明が進歩したせいで、相手と連絡を取りやすくなりました。留守番電話から携帯電話、そしてさらにはLINEなどのSNS。そんな環境になったせいで、即リアクションを取らなければならないというような雰囲気になりました。極論すれば、相手のスケジュールより自分のスケジュールを優先するようになったということでしょう。

ＬＩＮＥが既読になっていたとしても、その直後に逮捕されて警察に連れて行かれたとしたら即返信はできません。ま、逮捕は極端だとしても、相手が不可抗力でリアクションを取れないような状況にいることを想像するおおらかさが昔より減っているような気はします。

既読なのに返事がない＝自分が嫌われているのかもと即座に想像するのは、相手に対してすぐに自分を気遣うことを要請しているのと同じ行為でもあります。人を快適にするための文明の利器のはずなのに、むしろ人を追い込むかのような不快感を与えるものになってしまっているというのは、強烈なパラドックスであり、皮肉でもありますなぁ。自分が敏感な人は、得てして他人にもその敏感さを求めがちになるものですもの。

落語の権助の鈍感さに笑いがこぼれるというのは、いまのご時世が異様に敏感な世の中だからなのでしょう。よく談志は、かなりキツイブラックジョークを言った後、**「笑った奴も同罪だよ」**と言っていましたが、権助の鈍感さに笑うということは、心のどこかで権助の言動を肯定している何よりの証拠。考えてみたら、いわゆるカリスマと呼ばれるような人たちは、おしなべて鈍感力を発揮しています。談志がまさにそうでした。「え?! 敏感そのものだろ?」と思われがちですが、振り返ると敏感でもあり、鈍感でもあり、天才的なバランス感覚を持っていました。

私が大学二年生の頃だったと思います。先代の三遊亭圓楽師匠が、私財を投げ打って「若竹」という寄席を開いた時、弟子である当時の楽太郎師匠つまり現在の円楽師匠（常用漢字の円と表記することを宣言しています）が、「柱一本でも寄贈させてもらいたい」と申し出たとのことでした。これについて「談志にはそんな弟子はいない」と、評論家が落語雑誌に書いていました。当時、根っからの談志贔屓の私としては、圓楽一門のいい話を盛り立てるためにわざわざ談志一門のことを貶《おとし》めることもないだろうと違和感を覚えたものでした。

こんな話が談志の耳に入らないはずもなく、心中察して余りありますが、その後、談志一門からは、志の輔師匠を筆頭に、談春兄さん、志らく兄さんが立て続けにブレイクしました。弟子たちが羽ばたくまでの期間、師匠談志は、ただひたすら「忍」を貫くべく、鈍感力を発揮していたということになります。そのバランス感覚の妙は、談志ならではのものだと思います。

カリスマたちの鈍感力

ブレイクしたアーティストや世間に与える影響力の大きな著名人たちは、おしなべて鈍感力を発揮しています。決して世間に媚びない姿勢からそんな印象を受けます。

わかりやすく言えば「モノマネをされやすい人」。田中角栄元総理しかりで、談志もいまだにモノマネをされています。言ってみれば談志の弟子は、みんな談志のモノマネみたいなものからスタートしがちです。**「俺のモノマネをするならば、本質を突いてこい」**とよく発破をかけていましたっけ。

これは笑い話ですが、よく談志は、**「俺は俺のモノマネもうまいんだよ」**と機嫌がいい時に高座や講演の途中などでやっていたものです。そして、やはりよく似ていました。ま、当たり前ですよね（笑）。

この件で思い出すのが、前座の頃の「打ち上げの席でのお客さまからのアドバイス」です。

落語会の打ち上げには落語に詳しい方がその余韻を楽しむ形で参加するもの

です。そもそも、打ち上げが企画されるということは、落語という芸能が大衆に近いところに位置していると言えます。この打ち上げは、落語好きのお客さまにとっては、なによりの楽しみでもあるのです。

この場で格好のターゲットとなるのは前座さん。前座さんは、打ち上げでも気を抜くことなく、かいがいしく働きます。お酒も入り気持ちの大きくなったお客さまは、そんな前座さんを見て、何か言いたくなるものです。芸も立ち居振る舞いもすべてにおいて未熟でツッコミどころ満載なのが前座さんですから。お客さまにしても、誰もがそうなるわけではありませんが、「君ね、さっきのあの噺だけどね」などと、ついアドバイスをしてしまうものなのです。

前座さんの方では、先輩の大切なお客さまかもしれないという意識で、このいささか面倒な場面を耐え抜きます。それも含め、すべて修業という覚悟で臨むのが前座修業。しかしながら、これには結構つらいものがあります。

自分もかつて、そのような目に何度か遭遇しましたが、その都度、「うまくなれば言われることはないんだから」と自らに言い聞かせて乗り越えてきました。ズバリ核心を突くアドバイスもありましたが、難儀したものです。アドバイスとは、おおむね無責任なもの。決して、誰も責任は取らないのですから。

鈍感力こそがすべてだから「一切の忠告は無視しろ」と言うのではありませ

ん。しかし、田中角栄元総理にしても、談志にしても、あの個性を生涯貫いてきた姿勢に通底するのは鈍感力だと思います。

私は前座時代、踊りやら唄やらをいろんなところで習得し、それを談志に見せるのですが、そのたびごとに否定され続けていました。そして、ついにある時、談志にしみじみこう言われたものです。

「俺がここまで来られたのはな、教えてくれた奴のダメさ加減に気づいたからだ」と。

若き日の天才児・談志は、無闇に教えようとする側の猛烈なアピールに対して、ロジカルな鈍感力を心に秘め、ひたすら耐え抜いてきたのだと思います。

地方出身者のしたたかさ

談志はよく、**「御一新の時に、徳川幕府側に付くか、薩長土肥側に付くか、どちらを味方にするかが江戸っ子の基準」**と言っていました。本人もやはり家康贔屓だったのでしょうか、おかみさんの手術をきっかけに、日本医大近くの根津に住み、晩年まで、こよなくその街並みを愛していました。徳川家ゆかりの根津権現参拝は日課でもあり、**「カミさんの病気を治してくれたのは根津権現様だ」**と言っておりました。

家康が築いた盤石の体制が江戸町人にゆとりをもたらし、徳川三百年と呼ばれた長期政権をもたらしました。そんな安泰の結果として、江戸文化、ひいては落語が生まれたということを考えると、非常に理にかなった談志の言動でもありました。

江戸は家康が開いた町ですが、インフラを整備させるために全国から集められた若年労働者の町であったことは前に述べたとおりです。江戸で生まれ育った根生と呼ばれる生え抜きの江戸っ子もいましたが、多くのよそ者もまた、江戸の住民でした。故郷を捨てて江戸に出てきた以上、覚悟はあったはずで、上京の理由を詮索しないというようなセンシティブな差配も徐々にできあがっていったのでしょう。そんな気風は、時代は変わったとはいえ、現在《いま》にも残り香が漂っています。東京が、私のような地方出身者にも優しい感じがするのはそのせいのように思います。

江戸以来の「よそ者の常識外れの立ち振る舞いをある程度許す」というおおらかさは、与太郎や権助を許容する古典落語の世界と共通するのです。

老いを生きるヒントは、ズバリここです。自分に対する寛容さを求めるのなら、まず、他人に対して寛容になることです。

おそらく権助は、自分のような空気を読めない人間に対して寛容なはずです。落語ではなかなか成立しませんが、江戸で働く権助を頼って、権助の田舎から権吉という同じような鈍感力を発揮する人物が設定されてもおかしくないと思うのです。権助が権吉に、「だからおまえはダメなんだ。俺みたいにきちんと空気を読め」とか「おまえはほんと品がないなぁ」などと言えば、もうそれだけで、おもしろいことになるはずです。


地方出身者のネットワークに、談志は一目置いていました。

私の真打昇進披露公演を東京と故郷信州上田の二箇所でやった時には、**「地方出身はデメリットではない。東京で俺が落語家になったなんて言っても誰も注目しなかった。おまえのとこみたいに、チケット買ってくれる人なんてまずいなかった。下手すりゃ、『見に行ってやるからタダ券寄越せ』と言いかねなかった」**などと述懐《じゅっかい》したものでした。

地方出身者は都内を中心にやたらと県人会を作りたがる習性があります。特に長野県人にそれが顕著なようで、東京をはじめ、大阪、名古屋、九州など数多くの県人会組織があり、そのうち、松本にもできるのではないかと、よくネタにしています（ここ、笑うとこです）。

　地方出身のネットワークをとおして、故郷を同じくする者は同じような匂いを求めて集います。そして、いいことばかりではなく、耐え難い苦労や、人によっては故郷を捨てた負い目までも、互いに交流し合うことによって分散し合い、癒し合うのです。大都市でこそ必要な、そして大切な装置として機能し続けていることに、いまさらながら驚かされます。

　権助が出てきた江戸には、「その土地出身者でなくても立身出世が可能である」という江戸ドリームがありました。地方という垣根を感じさせないおおらかさを生んだ江戸という都市、そして、この地が政治の中心となった長きにわたる泰平の時代、この両者があいまって育んだのが江戸の文化です。この江戸文化の一端をになう落語に、私は、はかりしれないパワーと可能性を感じざるを得ません。

　だからこそ、こうして「落語と老後」という一見結びつかないように思えるものに共通項を見出そうとしているのです。

「諸国のはきだめ」とは、江戸に住む地方出身者を揶揄《やゆ》した言葉のように思われていますが、見方を変えれば、これは、地方出身者の謙遜から生まれた言葉のようにも思えます。そう考えると、夢を秘めたまぶしい言葉に見えてくるではないですか。

六本木や表参道の小洒落た店で、そのオーナーさんが地方出身者とわかるとなんとなく安心するのは、そういった理由からではないでしょうか。

この本で何度も言い続けていますが、年を取ることがマイナスではないように、地方出身であることもまったくマイナスではありません。

むしろそれらを生かし、経験値としてキャリアアップさせていくべき時代なのだと思います。

前向きに考えましょう。老後は、痴呆ではなく地方と結びつく時代なのです（おあとがよろしいようで……）。

第7章

人生はバクチだ

エピソード7 『文《ぶん》七《しち》元結《もっとい》』

究極の江戸っ子の噺

左官の長兵衛は、腕は立つがバクチ好き。年の瀬にバクチで負け半纏一枚で帰って来ると、娘のお久《ひさ》がいない。そこへ吉原の遊女屋佐野槌《さのづち》から、お久を預かっているから店へ来るようにとの使いが来る。長兵衛は佐野槌へ向かった。

佐野槌の女将は長兵衛に、お久が身を売って作ろうとした長兵衛の借金五十両を貸そうという。ただし、来年の大晦日までに返せば娘はきれいな身体のまま帰えすが、それができなかったら女郎として店に出すという条件をつけた。長兵衛は酒もバクチも断つ覚悟をし、懐に五十両を収め、吉原を後にした。

帰り道、若い男が身投げをしようとしている。名は文七、店のカネ五十両を落としたという。懐には五十両。迷いはしたがカネを文七に渡してしまう。

翌朝、昨夜のことで、長兵衛と女房はケンカの真っ最中。そこへ、文七と主人が角樽《つのだる》を持って長屋を探し訪ねて来た。カネは得意先に忘れていたことがわかり、礼を言いに来たのだ。長兵衛の心意気に感服した主人は、お久を身請けし、文七と娶《めあわ》せ、幾久しく親戚付き合いをしたいと申し出る。

やがて、文七とお久は麹町《こうじまち》貝坂《かいさか》で元結の店をはじめ、これが繁盛したという。

談慶が聞く　バクチ打ちの了見が知りたい！

談　慶「長兵衛さん、はじめまして！」

長兵衛「おう、談志さんのとこの弟子かい、よろしくな」

談　慶「長兵衛さん、ズバリ聞きます。なぜあの吾妻橋《あづまばし》の上で五十両をやってしまったのですか？」

長兵衛「よく聞かれるけどな」

談　慶「あれこそが江戸っ子らしさだと。薩長土肥の連中にはわからない了見だと」

長兵衛「たいがいの噺家はそういう風にとらえるわな」

談　慶「そう考えたほうがかっこいいですし」

長兵衛「そうじゃねえんだよ。実はあれもバクチだったのさ」

談　慶「文七に賭けてみようと」

長兵衛「ああ」

談　慶「じゃあ、あなたは改心していないってことですね？」

長兵衛「なぁ、談慶。人間なんて変わらないもんだぞ。改心なんかできるわけねえ。改心したとしたら、改心後が本当の姿だってことだ」

談　慶「また深いことを」

長兵衛「バクチが人間をダメにするわけじゃない。もともと人間なんてダメなものだということを、バクチが教えてくれるだけ」

談　慶「酒と同じですね。わかっちゃいるけどやめられないという」

長兵衛「それが人間なんだよ。俺も含めて落語に出てくる連中は、善悪を生きる基準に置いてないだろ。その日というか、その目の前のことだけが楽しかったらもうそれでいいや……という」

談　慶「落語のそういう勝手気ままな雰囲気に触れて、日頃のストレスを緩和させているのが現代人ですもんね」

長兵衛「だから、落語が流行っているというのはある意味、世の中ヤバイってことかもよ」

談　慶「みんなで不安を増幅しまくるから、落語の世界にはなかった概念でもある老後とかが不安になるんですもんね」

長兵衛「そんな不安にかこつけて、こういう老後の本をあんたらは書いてるんだろ」

談　慶「ごもっともです。おっしゃるとおりです」

長兵衛「大変だな、現代人は。おそらく将来はもっと大変になるんだろうな」
談　慶「あなた方がリアルに生きていた頃とは、まったく違う世の中になってしまっていますよ。ところで、じゃあ文七にカネをやったのもバクチだとしたら、娘さんが女郎になると知った時はどう思いました？」
長兵衛「ああ、あれか。あれは一本取られたと思ったよ。やりやがったな、と」
談　慶「え？　たったそれだけ？」
長兵衛「あいつは俺の娘だぞ。俺に向かって、ここまで賭けることができるかって示してきやがった。ただそれだけだよ。佐野槌であいつの目を見たらな、俺にそう訴えてきやがった。俺は負けたなと思った。そうしたら、吾妻橋から身を投げようとするヤツがいて、こいつにも負けたなと思った。そうしたら、こんな俺と親戚付き合いをしようとしてくるヤツがいたってことよ」
談　慶「文七元結って、そんな話だったんですか？」
長兵衛「みんなバクチ打ち。ある意味与太郎よりもすごい連中の話さ。さらにそれを聞いて喜ぶヤツがいるという」
談　慶「麻雀なら、これって一気通貫《いっきつうかん》ですな」

風のように去っていった談志

長兵衛が吾妻橋で五十両を文七に叩きつける行為を、広義のバクチとしてとらえたのが、我が師匠談志でした。

それまでは、あの部分の解釈は、「江戸っ子に対するイメージの濃淡」で、アプローチがまるで違う演出でした。古今亭志ん生師匠や志ん朝師匠は、かなり迷う形で、バクチに身を滅ぼすような弱さと、目の前の若い人間を救おうとする優しさを絶妙にバランスでブレンドするような展開でした。片やカネに対する迷いがほとんどないのが林家彦六師匠、柳家小三治師匠の演出です。

何が正解で何が正解ではないかを云々すべきものではありません。それぞれの主義主張に応じて細かいセリフやら設定をカスタマイズできるのが落語の素晴らしさでもあるので、何がベストというわけでは決してないのです。演じる落語家の考え方と生き様と、そしてテクニックである口調と表情とがリンクしてピタリと来るのが、聞いているお客さまにとって一番心地いいはずという、ただそれだけのものです。

晩年の談志は、そんな落語家誰もが身に付けようとするテクニックすら否定した高座を目指していたものです。

「落語とは、人間の業の肯定」と、歴史的な定義をした談志でしたが、人情噺がそのカテゴライズからはみ出てしまうことに関してずっと頭を痛めていました。むしろ人情噺は業の肯定ではなく、業の克服そのものだからです。

そんな自らが編み出した定義と格闘しながら、見事な着地ともいうべきG難度級の解釈が**「吾妻橋での行為もバクチの一つ」**というものでした。

談志は著書『新釈落語咄』でこう言っています。

「つまり長兵衛は身投げにかかわった後始末に困って五十両のカネを若者にやっちまっただけのことなのだ。だから本人にとっては美談でもなんでもない。さして善いことをしたという気もない。どうにもならなくなって、その場しのぎの方法でやったとも思える。いや、きっとそうだ」

確かにこうなると、この噺に出てくる登場人物はみんなバクチ打ち的匂いのする連中ばかり。長兵衛しかり、身体を賭けて親父を立ち直らせようとしたお久しかり、お久にほだされて長兵衛にカネを貸した佐野槌の女将しかり、紛失したと思い込んだカネのために命を断とうとした文七しかり、長兵衛に感服しお久を身請けする文七の主人（噺では鼈甲屋《べっこうや》の近江屋卯兵衛《おうみやうへえ》）しかり。

挙句に二人を娶せるという展開も含め、麻雀で例えるならバクチ打ちで「一気通貫」となります。

さあ、こうなると「バクチ打ちの本性は生涯変わらない」という、さらに深い部分へとテーマがフォーカスし、一段と賭博度のグレードが上がります。「人間は変わるものだ」というとらえ方は、ある意味、現状の否定です。「未来はもっとよくなる」という姿勢は、努力の積み重ねによって現状を打破することを良しとします。もっと上へ、より高みへというような志向には、いま現在が最高という認識は微塵もありません。

多くの落語が息吹を与えられた時代は、何もかもがかなりおおらかで、少なくとも右肩上がりにやっきになっていたとは想像できません。だからこそ、現代人が落語を聞いてほっこりできるのです。

談志の説をさらに押し広げたような以上の解釈、如何でしょうか?

老後とは、近代的な価値観そのものの産物だと言い続けてきました。そして老後とは、豊かな経済と進歩した医学の余禄である時間と空間とを満喫できる世代でもあります。さあ、いまこそ、落語の登場人物に成り代わって、「人間の本性なんて変わらないものだ」と声を大にして言ってもいいのです。そんな権利を有するのが「リアル落語登場人物世代」の老後なのですから。

これまでの過熱しすぎた「変わらなければならない症候群」を老後世代が緩和させれば、次世代はさらにその感性を洗練させ、継承しているように思います。

談志は落語の定義を、**「業の肯定→落語イリュージョン論→江戸の風」**というように大きく変遷させ、その中で落語と格闘し続けて来ました。そして晩年は、「江戸の風」と共に去っていきました。ジェットコースターのようなすさまじい芸人人生をカットアウトするかのような生き様でした。

そんな鮮やかなエンディングを見せつけた師匠の姿から、弟子としては、こんな妄想がつきないのです。

伝統を現代に、落語を現代に

私は、平成三年四月に談志門下に入門しました。あの頃は入門希望者が多くて、「何人も俺のそばに来られても困る。新入りはしばらく自宅待機もしくは事務所にいろ」と師匠から仰せが下されました。右も左もわからない新弟子たちが事務所に交互に詰めることになりました。私も、同じ時期に入門した小平くん（現・三遊亭全楽）と二人で交互に事務所通いになりました。しかし、事務所サイドも、パソコンすら満足に使えない若者を明らかに持てあましていました。

そこで、師匠の国会議員時代に作って残ってしまった宣伝葉書から、師匠の顔写真だけを切り取り、それを事務所の住所印を押した紙に貼り付けて名刺をこしらえるという作業をやることになりました。これは、師匠が落語の旅の道中で、仲良くなったお客さまに配るためのものだったのです。

これが落語家の修業になるのかというと、はなはだ疑問でしたが、それでも談志の弟子として近くにいられる嬉しさだけは感じていたものです。

当時、目黒区八雲の事務所の二階にその作業場がありましたが、そこは落語関連の書籍やテープの山でもありました。私は名刺製作のかたわら、それら宝の山を密かに発掘し続けていたのです。

その中に、師匠の若かりし頃の顔写真がありました。そこには**「伝統を現代に」**の文字。作業をサボってはライブラリーを閲覧する日々、「伝統を現代に」は、いつしか私に刷り込まれ、いまとなっては私の指針になっているのです。「伝統を現代に」。なんて素晴らしく深い言葉でしょう。談志の芸人人生は、まさに、それをまっとうしたものでした。談志は、落語を上手く、あるいはおもしろく演じるだけでは飽き足らず、現代における落語の存在意義と格闘し続けました。そして、残された弟子たちは、その遺志を受け継ごうと、日々、現代と向き合っているのです。

いま私が、落語に貫かれている伝統的なものを、現代人に向けて本という形に変換し、訴え続けているという現実は、若き日の何気ない行為の産物と言えなくもないのです。

『文七元結』は、談志が格闘した「業の肯定と克服」という、アンビバレンツなテーマを融和させた人情噺であります。

あのラストシーンから漂うのは、まさに「江戸の風」。作られた時期も幕末という、まさに時代の転換期であり、作者の三遊亭圓朝のみならず、かつての江戸でこれから東京に変わろうというエリアに住んでいた人たちが、「世の中、変わってしまうけど、変わってほしくないもの」と、「変えなくてはいけないもの」の間で右往左往していた空気を彷彿《ほうふつ》とさせます。「新しい東京」にありながら、「古き良き江戸」を懐かしむ。『文七元結』は、過去と未来を包括的に見定められる老後世代にこそ、理解していただける噺だと思います。

世の中全部、バクチじゃないか

『文七元結』には、「人間というものは変わらないものだ」という普遍的なテーマと同時に、「登場人物すべてがバクチ打ちということは、もしかしたら世の中すべてバクチなのかも」というテーマがあります。

人間の生命は、父親の生殖細胞である精子からはじまります。大きさおよそ〇・〇六ミクロンの精子は精管を通って尿道まで運ばれ、母親の胎内に入ると、卵子と出会うために卵管をめざして子宮内を進んでいきます。子宮内腔が約七センチ、卵管の長さが約一〇センチですから精子にとってはかなりの長旅、まさにグレートジャーニーです。一度に射精される精子の数は二～三億個と言われています。女性の膣内は細菌やウイルスが侵入しないように酸性度の高い状態に保たれているため、悲しいかな、捨て駒のような多数の精子は犠牲になります。精子の九九パーセントは子宮に到達する前に死滅してしまい、卵子の目前までたどり着ける精子はおよそ数十～数百個。

ここまでお読みいただいて、おわかりですよね。この地上にオギャアと産まれただけで、バクチに勝った類い稀なる勝者なのです。

しかも、さらに母親の体内から未熟な赤ん坊として飛び出して、少年期、青年期、壮年期を終え、老後のことを考えようとしているあなたは、完全なる人生の優勝者的存在です。考えてみると、これは、まさに感動譚《たん》であって、生命の神秘からしてバクチならば、そもそもすべてがバクチです。

いつの世も、そんなバクチ的な要素を限りなく減少させるために、ある程度先の予測できるような仕組みを作りながら、不安をなくそうとしてきました。つまり、セイフティネットの発想です。

昨今の「大企業に入れば万全だ。それには偏差値のより高い大学に行けばよい」という考え方は、「世の中すべてバクチだ」という認識の裏返しです。現実には一部上場の会社でも倒産します。三十年前の人気企業と現在の人気企業とを比べてみれば一目瞭然です。

有名大学に入るのも、一流企業に入るのも、安定した給料の人と結婚するのも、実はバクチだったなんて痛烈な皮肉にすら感じますが、でも、そう考えると逆に、なんだか心配ごとはなくなるのが不思議です。

精子生存の勝者たちによるセカンドステージは、人生リーグ戦という死ぬまで続く大バクチなのです。

「人生なんて、流産したと思えばすべて儲《もう》けもんだ」という名言を、よく談志は言っていました。

人生が「これだけやっていれば安全だ」ということのないバクチだとしたら、何も怖がることはありません。好きなことだけやればいいんだよと、落語の登場人物は優しくそうつぶやいてくれるはずです。

そして、全部バクチと思えば、勝ったり負けたりが当たりまえなんだから、そんなことに一喜一憂して悩むこともなくなるような気がします。そしてライバルにだって、精子生存競争の第一次リーグ突破同士なのですから、戦友同士のような連帯感が芽生える可能性だって出てくるはずです。まあ、これは理想ですが、刹那《せつな》的に生きている者同士、仲良くしたいものですな。

アンチデイトレイダー的に生きてみる

地震や台風、水害など災害にさらされ続けてきた我が国において、江戸という新しい街をつくるにあたっては、先々不安を憂うるよりも、なんとか現代《いま》を生きる街をつくるというのが、家康のコンセプトだったと考えてみましょう。

これは歴史的な背景などを一切無視した私個人の考えですが、「現代」に民意を集中させたということは、家康という人物が為政者として優れていた証拠のように思います。

「過去にも未来にもとらわれず、現代、この瞬間に必死に取り組む」。仏教用語でいう「前後裁断」という生き方ですが、極論すればこの考え方はとてもバクチ的です。「宵越しのカネは持たない」を良しとする江戸町人たちの享楽的な生き方は、そんなところからきているようにしか思えません。

家康がそれを計算していたかどうかは別としても、結果として三〇〇年もの間、天下泰平の御代が続いていたことを考えると、このようなとらえ方も、あながち買いかぶりとは思えなくなってきます。

ましてや、江戸期は鎖国もしていました。数値レベルでは対外貿易額は限りなくゼロに近かったはずです。つまりは、経済成長率も長期間にわたって同等レベルだということを踏まえると、これは今後の日本の経済と似たような状況と考えられなくもありません。

今後、少子高齢化による経済力低下が叫ばれていますが、低成長経済はすでに江戸期の人々が経験済みであって、彼らがクリアしてきた課題であると考えるだけでも、その恐怖心や不安感は減少するような気になります。

まして、あの時代よりは医学は飛躍的に進歩しました。何度も言うように、人生一〇〇年時代の到来を踏まえると、超長期的バクチ社会が、すぐそこまでやって来ている、いや、もうすでにそんな時代に突入しているとも言えます。『文七元結』の物語を解析しているうちに、日本の未来像が浮かんでくるとは、私自身思いもしませんでした。

では、こんな時代はどのように生きていけばよいのでしょうか？ 言うまでもなく、答えはありません。学校の教師のように、指導要領を片手に、あらかじめ答えを把握し問題を解決しながら人生進めていける人なんて一人もいません。答えはありませんが、生き方のコツのようなものがあるとしたら、それは「アンチデイトレイダーとして日々を過ごす」ということだと、思います。

もちろんこれは、職業としてのデイトレイダーを否定しているわけではありません。「効率のみを重視し過ぎた考え方を改める」という意味をわかりやすく伝えるために、この職業名を用いただけであります。誤解なきよう。

落語のマクラにこのようなものがあります。「大勢の奉公人を抱えた大店の主が、もっと儲けたいと思って奉公人の数を半分に減らしてみた。するとそれでもうまくいく。さらに減らしてみたらまだイケる。どんどん減らしていったら、夫婦二人っきりになってしまった。それでもうまくいく。じゃあカミさんもいらないなとなり、離縁して一人で働いてみたら、なんとそれでもどうにかまわってしまう。『じゃあ、俺もいらないいんだなぁ』と気づき、川へ身を投げてしまった」。

なんとも極端なブラックジョークですが、現代の潮流とも言える「効率のみを優先した生き方」を選択した場合、こうなってしまうかもよ……という予言のような小噺にしか聞こえて来ません。「一瞬でも、一銭でも稼いだ奴の勝ち」というような価値観を貫いていくと、こんな怖い結果が待っているかもしれません。

デイトレイダー的な生き方とは「つねに儲け続けなければならない」という恐怖心が原動力です。勝ち組、負け組というカテゴライズがさらにそれを増幅します。つねに不安なはずです。ＩＴ長者各位の威勢のいい言動は、そんな心の闇の裏返しなのかもしれません。

長兵衛さんみたいに、大掛かりなバクチをしろとまでは言いませんが、受け止め方を変えてみたらいかがでしょうか？という提案であります。

「損もすれば、得もする。だって人生は一〇〇歳まで続く長い長いバクチなんだもの」という具合に考えてみたらいかがでしょうか？勝ちか、負けかの二元論は短期的思考のマイナス面です。長期的なバクチとは、勝ちも、負けもという、一元論を意味します。長期戦は低成長とワンセットです。ベラボーに儲かるなんていう時代ではないのです。逆に言えば、そんなに儲からない人生はそんなに損をしない人生でもあるはずです。物は考えようなのであります。

「そそっかしい」は素敵だ!

『文七元結』に限らず、落語の登場人物は、おおむねそそっかしい人たちです。まあ、そそっかしくないと話がまわらないというところでしょうが。でも、よく考えてみると、実生活においても、やはりそそっかしい生き方をしている人の方がビビッドな人生を歩んでいるように思えてきます。誰もがビビッドな人生を歩むべきだと言っているわけではありません。ただ、おしなべて言えることは、師匠談志を含めて、魅力的な人はほとんど「そそっかしい生き方」を貫いた人たちばかりです。

談志は自分でも**「俺はそそっかしいほうだ」**と述懐《じゅっかい》していました。そそっかしい人は、思い込みの激しい人でもあります。談志のそんな思い込みの激しさのおかげで、**「二つ目の時、基礎としての歌舞音曲をそこまでやったヤツならば、今後、落語においてもそういう差配ができるヤツに違いない」**と、それまでとは格段の速攻で、私は晴れて二つ目から真打ちに昇進したのでした。

もしかしたら、我々のご先祖さまたちは、マジメになりすぎる子々孫々たちに向かって、「おまえたち、もっとそそっかしく生きてみろよ」と訴えたくて、落語を後世にまで遺してくれていたのかもしれません。

そそっかしい人たちは、ここまで述べてきたように思い込みも激しく、かつ同時に惚れっぽい人たちでもあります。惚れっぽい人は人生を謳歌していると も言えます。対象へ傾倒しやすい感受性を持っている人は輝いています。落語家は元来惚れっぽくなくては勤まらない職業だと確信します。惚れっぽくないと、惚れた師匠に弟子入りするような大それたことはできません。その後に問われるのは覚悟ですが、まず惚れっぽさというのは落語家にとっての大切な資質であると思います。

触れ合うもののすべてにときめきを覚え、それに惑わされて生きているなんて、惚れっぽさには、かなりの危険性も伴いますが、ここに老後という関数を導入するならば、かわいらしさも、また、まぶしさも感じてくるから不思議です。

この場合、老後という関数は、体力の衰えというマイナス要素をプラスに変換させてしまう効果を発揮します。さらに年を重ねて判断力もアップしているはずですので、そそっかしさは、おそらくプラスに傾くのではないかと思います。

落語にはいろいろな粗忽者《そこつ》が出て来ます。自分の家の新しい引っ越し先を忘れてしまうばかりではなく、八寸もある瓦釘《かわらくぎ》を打ちつけてしまい、向いの家に詫びに行ってしまう『粗忽の釘』、死んでしまっている人を隣に住む友人だと思い込み、その友人を連れて来るのみならず、連れて来られた方もその死体を自分と思い込んでしまう『粗忽長屋』など、どれもこれもカリカチュアライズされた極端なキャラクターです。なにもそこまで粗忽を発揮する必要はありません。ただ、老後の穏やかな暮らしのスパイスとして、敢《あ》えてそそっかしさをポジティブに加えていけば、きっといままでとは違った形で生活のアクセントになるのではないかという提案です。

そもそもバクチ打ちとは、そそっかしい人たちでもあります。落ち着き払っている人ならば、一か八かに、よろめくわけはありません。

親のために、たった一人で吉原に飛び込んだお久、そんなお久にほだされた佐野槌の女将、一人で悩んで身を投げようとした文七、見ず知らずの男にポンとカネをやってしまう長兵衛、長兵衛に男惚れする近江屋の主人。みんなそそっかしい人たちばかりです。

そそっかしい人というのは、「人を信じやすい人たち」でもあります。つまりはコミュニケーション上手（場合によってはコミュニケーション過多かもしれませんが）であるとも言えます。

昨今、ご年配の方々のそんな部分につけ込んだのが「振り込め詐欺」。まったくもって許しがたい犯罪です。

余談ですが、以前警察署から「振り込め詐欺防止の落語会」の依頼を受けた時に、「親が子どもからの電話で右往左往するからそんな犯罪が成り立つのです。親が子どもにしつこいくらい毎日電話をかけて、千円でも振り込ませていけば絶対防げます」と言ったことがありました。

冗談はともかくも、『文七元結』から必要分のそそっかしさを吸収し、日常の何気ない佇《たたず》まいに取り込んでいくことができたら、魅力的な老後を送ることができるのではないかと思います。そそっかしく、惚れっぽい人の周囲にこそ人は集まるものです。

吉原という装置

ＬＧＢＴという概念が浸透しはじめました。これは、女性同性愛者（レズビアン、Lesbian）、男性同性愛者（ゲイ、Gay）、両性愛者（バイセクシュアル、Bisexual）、トランスジェンダー（Transgender、自らを遺伝子的に決められた性とは違う性と感じる人たち）の各単語の頭文字を組み合わせた性的少数者の総称で、生まれながらの性別にとらわれない性のあり方が見直される動きが活発化しています。

また一方では、スポーツ界ではかつては当然と思われていた厳しい指導法がパワハラとされたり、結婚した女性社員にあくまでも親切心から出たはずの「早く子どもを作ったほうがいいよ」などという言葉がセクハラだと受け止められる世の中に変わっています。

「蟻の一穴」からすべては変わっていくのです。そしてこれは、当然のことながら、いままでガマンやら屈辱を強いられていた人たちが声をあげることができるようになったという意味で、とてもいいことなのです。

昔は、暴力的なコントや性的マイノリティを揶《や》揄《ゆ》するようなギャグが、テレビでも平然と放映されていました。確かに、この種の笑いを表現することはできなくなりましたが、むしろ、その先にある多様性を受け入れるための成長痛であると、前向きに考えるべきだと思います。

かような空気感の変化は、古典落語を聞く側にも微妙な変化をもたらしています。以前、『饅頭こわい』に「お饅頭って太るから本当に怖いわ」と言った女性がいましたが、このような時代の到来の先駆けだったのかもしれませんなぁ。

ここでセンシティブにならざるをえないのが、吉原の扱いであります。『文七元結』では、愛娘のお久が、自ら吉原に身体を売って五十両を作ろうとします。つまり、娘の身代が五十両。それを、父親の長兵衛は、通りすがりの男の命と引き換えにしてしまって、気前のいい江戸っ子ぶりを発揮します。つまり、吉原は、この人情噺を成立させる上で大事な装置としての機能を果たしているのです。

『ねずみ穴』という人情噺でも、五つ六つの幼い娘が、「おとっつぁん、私を売って。本物のお女郎さんになる前に迎えに来て」と健気に訴えるところが切ない泣かせどころになっています。

これまで、落語において、悲しみの感情を増幅させてきた吉原という装置でしたが、いまとなっては、人身売買公認組織などというような誹《そし》りを受けかねない雰囲気になりつつあるのは確かなことです。

一切そういう雰囲気を無視して「落語はそういうもんだ。昔の吉原はそういうもんだ」と従来通りの演出をするのもありでしょうが、やはり、「歌は世につれ世は歌につれ」よろしく、落語もそれぞれの落語家が生きる時代に応じて、きめ細やかな価値観を少しずつでも反映させていくべきではないでしょうか。過去の先輩たる落語家たちがそうした配慮を積み重ね続けてきたからこそ、現在に至るまで、落語が生きながらえているのだと確信しています。

ここで問われるのが、落語家のパーソナリティです。

私は、吉原が舞台である『紺屋高尾』では、ともすれば「高級ソープ嬢との結婚だ」みたいに矮小化される可能性すらあるこの噺を、「吉原とは売春宿ではなく、現代でいうならばＡＫＢだ」というようなマクラに振ったり、途中で挿入したりしています。「親の借金のために売られてきた」みたいな哀しみは必然カットされることにもなり、昔ながらの風雅は消えてしまいがちです。

それよりも、わかりやすさを優先して、「ＡＫＢでセンターになる」イコール「吉原で御職《おしょく》を張る（最高位の遊女になる）」という、お客さまとの間に相互理解を染みわたらせてから落語に入る形を取っています。

あくまでもこれは私の手法というか考え方であり、正解ではありません。逆に言えば、正解がないからこそ、落語家の数だけカスタマイズの方法があるとも言えます。

昔ながらの演出でやる落語もありです。談志はそんな古風な落語もこよなく愛していました。完全に舞台を現代に置き換えてやる落語家もいますし、私のようなある意味「美味しいとこ取り」というか、現代と古典の折衷案を考える落語家もいます。それぞれの落語家が独自の工夫をこらして勝手気ままに演じていいという自由闊達さこそ、落語の命なのだと思います。

落語における吉原の役割の変遷を考えてわかったことは、落語家それぞれが独自の解釈で落語に向き合うように、高齢者各位も、その人らしく余生に向き合えばいいだけの話ではないかということです。その際に肝心なのが、過去の価値観に引きずられ過ぎないようにすること。そして最も大切なのは、新しい若い世代の考え方、つまり時代の変化におおらかになることではないかと。

落語も老後も、共に生き物を扱っていくべきものなのですから。

最終章

スーパースター与太郎

エピソード8　『与太郎噺の数々』

愛すべき与太郎的生き方の噺

老後をテーマに綴り続けたこの本も、いよいよ最終章。満を持して、ここで言わずと知れた落語の中のスーパースター与太郎の登場です。

いろいろな噺があります。『牛ほめ』では、「教わったほめ方」とはまるで違うチグハグなほめ方をして笑いを引き起こし、『金明竹《きんめいちく》』に至っては、「小父さんがサカリがついて方々歩きまわってしまっている」などと信じられないことを得意先に伝えてしまったり、『大工調べ』では、棟梁《とうりょう》の啖呵《たんか》を真似しようと余計にしどろもどろになってしまう。師匠談志だけは、そんな彼を**「与太郎はバカじゃない」**と名誉挽回発言をし、**「与太郎をバカとしてしか考えられない落語家の方がバカなんだ」**と喝破していました。

師匠の思いを踏まえ、彼にフォーカスした本を上梓させていただいた私であります。実際に会えば、ほんとうにめんどくさいでしょうが、実在するなら会ってみたい人の一人であります。会話が成り立たない感じが予想できますが。

談慶が聞く　与太郎的生き方のコツを知りたい

与太郎「なんだよ、また談慶か」
談　慶「ご無沙汰だね。元気にしてたかい？」
与太郎「相変わらずだよ、ずっとぼんやり生きてるよ」
談　慶「相変わらずってのは、ほめ言葉だよね」
与太郎「大家さんは小言がうるさいし、棟梁もめんどうくさいし、佐平おじさんも細かいし、ああ、ほんとみんなめんどうくさい。ところで談慶、おまえ、また本を出すのか？」
談　慶「おまえ、知っていたのか？」
与太郎「長屋のみんながおまえからインタビュー受けたとかって言っていたから」
談　慶「狭い世界だからなぁ」
与太郎「世界も住む家も狭いほうがいい。掃除が楽だ」
談　慶「ほんと、おまえは、いちいちいいこと言うなぁ」
与太郎「おまえ、ケンカ売ってるのか?!」

談慶「ほめてるんだよ」

与太郎「そうか、照れるなぁ」

談慶「そうなんだよ、前回は君だけにインタビューして君だけの生き方をまとめた本にしたけど、今回は権助や芝浜の魚勝さんやいろいろ聞いている」

与太郎「あの人たち、みんなめんどうくさいだろ」

談慶「君に言われるとはなぁ。今回は老後について聞いているんだ」

与太郎「ろーご？　よく大家さんが小言で言うやつか？　あの唐土の講師が出てくるやつな。講師って夏期講習か？」

談慶「そりゃ、論語だよ。講師じゃなくて孔子」

与太郎「じゃあ、企業とか団体名などを表示するアレか？」

談慶「そりゃ、ロゴだよ。おまえにしちゃ、かなり知的なボケだな」

与太郎「バカにするなよ、おまえ！」

談慶「いや、ほめてるんだよ!?」

与太郎「じゃあ、企業や団体内で肉体的や精神的に圧力を加えるといういま話題のアレか？」

談慶「そりゃ、パワハラだよ！　全然関係ないよ！」

与太郎「おまえ、話をずらすなよ！」
談　慶「おまえだろ、ずらしてるのは！」
与太郎「で、老後がどうした？　余生の話だろ？」
談　慶「おまえ、知ってて今までボケていたのかよ！」
与太郎「わはははは。泣くなよ」
談　慶「泣いてねえよ！　その老後について日本人がみんな悩んでるんだよ。みんな年取ったら不安になるだろ。体力も衰えてくるしさ」
与太郎「それがわからねえんだよ。なんで悩むんだろうな。どうせみんな死んじゃうのにさ。せめて生きている間ぐらい悩まなきゃいいのにな」
談　慶「相変わらず名言がバシバシ出て来るなぁ。いや、社会全体が、人生一〇〇年時代とか言い出してやたら不安を与えてくるんだよ。おまえみたいな生き方がほんと羨ましくなってくるよ」
与太郎「いつの間にか、俺に対する呼び方が、君から、おまえになってるよ」
談　慶「気づいたか」
与太郎「照れるな」
談　慶「……よくわからんけど。でも、おまえどう思う？　二〇一八年現在、一〇〇歳のお年寄りは全国で七万人もいて、これから生まれてくる子どもたちは一〇〇歳を超えて生きるのが当たり前なんだってさ」

与太郎「一〇〇年も生きて嬉しいか。寝る時間が増えるだけだぞ」

談慶「すげー、今の言葉、これも何気に名言だな」

与太郎「バカにするなよ！」

談慶「いや、ほめてるんだよ。ただ帳尻合わせ的に長生きすることがいいみたいな雰囲気になってさ。で、現代人は将来が不安になっちゃってさ」

与太郎「なんで現代人は将来が不安になるの？　将来なんてわかんない。俺は夕飯も何食べるかわかんないし。朝飯も何食べたか忘れてるし」

談慶「おまえは、今がすべてだもんな。そっか、今がすべてみたいな生き方をしてないから、やたら、将来が不安になるんだろうな」

与太郎「俺は目の前で見えるものしか信じてねえし」

談慶「みんな、おまえみたいな生き方を見習えばいいのになぁ」

与太郎から学ぶ「愛される力」

落語に与太郎が登場するようになったのは、落語成立からかなり歳月を経た江戸時代も後半になってからと思われています。

そもそも落語は説教をルーツにしていることから、愚かしい者の言動や失敗談を笑う筋があって、これが現在の落語の原型になりました。そこに中国の故事や日本各地の伝承、さらには作者や落語家によるオリジナルの物語が付け加えられ、やがて雪だるまのように拡大と洗練を繰り返して構成されていったのです。

新作落語は別として、古典落語には作者がいません。つまり、和歌の世界における「詠み人知らず」です。まさに、その感性こそ日本人らしいなぁと、つくづく思います。そしてまた、名もなき落語家たちが編み出したオリジナルの設定やギャグの個性が消されるほどの長い年月をかけて、いま自分が喋る落語につながっていることを思うと、数多《あまた》の先輩方に手を合わせたくなりますなぁ。

かような壮大なプロセスの中で、「差し障りがなく、誰もが一緒になって笑えるキャラクター」として自然発生的に定着していったのが与太郎です。与太郎という語感からして、間が抜けた感じが伝わる名前ですもの、ほんとよく考えたものだと思います。

こうして考えてみると、与太郎というのは落語における見事な発明だと確信します。いや、発明というより、人間の普遍的な愚かしさを架空の彼が具現化しているという具合に考えてみると、むしろ発見に近いのかもしれません。

実在しそうな名前ですと、同名の人から「俺のことか?」と痛くもない腹をさぐられかねませんが、まず与太郎という名前の人はいないでしょうし、これからもそんな名前を子どもに付ける親なんか出てこないとは思います。そんな親が現れたら現れたで、親のほうこそ悪い意味で与太郎ではありますが。

与太郎の魅力は、彼に象徴されるキャラクターの幅広さです。その振幅は、善にも悪にも大きく振れます。そんな枠の広い名前で象徴される与太郎だからこそ**「一方的な見方である愚鈍的な意味だけのバカだという認識のみで与太郎を演出するな」**というのが、生前の談志が訴えていたことでした。

談志はよく、**「バカなやつが、『道具屋』の中で『道具屋、お月さま、見て跳ねる』なんて言うか?」**と言っていました。

談志は、与太郎に限らず、落語全般について、「ただ教わったまんまやるなよ。

つねに考えろよ」ということを主張したかったのではないかと思います。そういう意味で言うと、落語家人生を通じて。落語論をはじめ落語にまつわる取り組みすべてをアップデートしていた師匠でありました。

さて、そんな師匠へのオマージュから、与太郎の魅力を考えてみると、まず浮かび上がってくるのが、やはり、愛される力ではないかと思います。

愛される力とはいったいなんでしょうか。愛される存在のイメージをまず思い浮かべてみると、ペット、アニメのキャラクター、小さな子どもなどなど。これらに共通する概念として、小さい、弱い、和むなどが挙げられますが、いずれもこちらが主導権を握れそうな対象と言えるような気がします。

こうしてみると、与太郎が落語の中で愛され力を発揮していけるのは、他の登場人物たちに優越感を与えているからです。もっというと、与太郎は、相手に優越感を与えながら、自分はのびのびやれる居場所を確保しているとも言えます。そう考えると、談志が言い続けていた**「与太郎はバカじゃない」**説がより説得力を増してくるはずです。「バカのフリをした利口」こそ、与太郎と言えなくもありません。談志は自らを、**「利口のフリをした利口だから、タチが悪いんだ」**と言っていましたっけ。ほんとめんどうくさい人でした。

老後を迎えた方々こそ、かような与太郎的ポジションを狙えるのではないかと、私は真剣に考えるのです。体力や気力の衰えは、もうそのジャンルでは争う必要のないことを意味します。若い世代に花を持たせ、かわいいと思われるポジションを狙いましょう。そうです、老後は与太郎でいきましょう。

世の中を変えるのは、誰？

世の中を変えるのは「バカ者、よそ者、若者」なのだそうです。田中康夫さんの著書で拝見した言葉ですが、とてもいいなぁと感じています。彼らは「過去の因習にとらわれない、そこから自由な存在の人たち」ということです。共通するのは、「客観性と距離感」でしょうか。確かに、彼らでなければ、しがらみから逸脱し、古い価値観を壊すことはできないのかもしれません。思いきった解決策は、この三者に委ねられているのだと確信します。

彼らを落語の登場人物的に分析してみましょう。

まず、「与太郎はバカではない」ということを差し引いても、バカ者は与太郎が入るポジションでしょう。

よそ者というと、やはりこれは権助でしょう。明らかに、江戸というコミュニティから遠く離れた他所からやってきたことがわかります。

若者というと、これは若旦那。経験も少なく、若くて世間知らずの代表格です。若者は、地域というめんどうくさい繋がりから離れた場所にいます。若者は、古い世代からは隔絶された世代であります。だからこそ、両者どちらも固定観念にとらわれることなく、遠慮しないでモノが言えるのでしょう。そしてそんな自由闊達さが積み重なってこそ、社会を変える原動力になるものです。

奇しくも、政治を、そして未来を変えることのできる三要素を含む期待の星たちを、すべて落語の登場人物に見出すことができるのです。落語とは、なんと先駆的な設定なのでしょうか。そうなのです、落語はその読み方や見方を変えるだけで、未来の予想すら可能なのです。

そうは言うものの、いざ自分が老後世代になってみると、ご近所付き合いみたいな地域のしがらみから逸脱するのは至難の技です。また、諸々の感覚や意見がおのずと老人寄りになっていて、若者に迎合しようとすり寄ったところで、若者の側から引かれてしまうのが関の山です。

そこで私が提案したいのは、年齢や地域に関係なく、老後世代が寄り添うことができる与太郎的ポジションです。与太郎は年齢も出自も限定されない、実にアナーキーでオールマイティな存在なのですから。

与太郎の魅力とは、言うならば、常識転覆力です。凝り固まった常識を転覆させてしまう力は、与太郎的なパワーのある人にしかできない芸当です。

与太郎は落語の中で、常識転覆力をいかんなく発揮します。『道具屋』は、そんなパワーのオンパレードです。「鯉の滝登りの絵」を逆さから眺めて「ボラが素麺食ってる絵だな」、「ねずみを駆除するには、大根おろしにご飯をくっ付けておけばいい。ご飯をかじりつづけるうちにねずみがどんどん擦り下ろされて気がつけば尻尾だけになる」、壊れた時計を見た客が「こんなのは意味ない。つまらないものを売るな」と言えば、「壊れた時計だって、一日に二度は合うんだ」と言ってのけます。

ここに至っては、「壊れた時計には存在意義はない」という、いわば文明に毒された価値観を完全に否定して、「この世にあるものは無駄なものなんてないんだ」とばかり、世の中のすべてのものに愛を認める深い優しさすら感じてしまいます。こうなると、与太郎はむしろ救世主です。

老後世代こそ、目指すは与太郎という合言葉はいかがでしょうか。長年培ってきた経験や知識を、与太郎のように生きるために利用するなんて、知性がないとできないことです。カッコいいなぁと、心底思うのであります。

では、どうすればそんな境地に達することができるのでしょうか？

答えはありません。ただ、壊れた時計に愛情を注ぐ与太郎のように、周囲のものに惜しみない愛情を注ぐことではないかと思います。そうするうちに、自らの心の中に眠った与太郎性を覚醒させることができるのだと思います。そんなお年寄りが増えれば、素晴らしいですよね。目指すは、愛すべき与太郎なのです。

「愛すべき与太郎」をめざす

竹原ピストルさんという歌手が好きで、たまにライブにも出かけています。韻を踏んだ豊穣《ほうじょう》な歌詞から醸《かも》し出される独特な世界観を、個性あふれるしゃがれ声でシャウトし続ける無骨なスタイルが、なんだか自分を鼓舞してくれているようで、はまってしまいました。とりわけ中でも「オールドルーキー」という歌が好きです。五十歳を過ぎて、いまだに売れようと四苦八苦している自分のために歌い上げてくれてるような気がして、もはや妄想に近い感動を覚え、いつも一人で盛り上がっています。

歌詞の中の「積み上げてきたもので勝負しても勝てねえよ。積み上げてきたものと勝負しなきゃ勝てねえよ」と言う箇所に、限りなくときめいています。私は、この部分こそ、老後を生きる知恵が詰まっていると思うのです。

とかく人は、「積み上げてきたもの」で勝ちにいこうとします。逆に言えば、勝つためには「過去の積み上げてきたもの」を武器にして、人は努力すると言っても過言でありません。

では、「積み上げてきたものと勝負する」とはどういうことでしょうか。

過去の蓄積の上に立つ自分に負けないように、ひたすら自分と戦い抜くということだと思います。過去の経験で身につけてきたものを捨て、いま現在のリアルな自分で勝負しろというメッセージだと、私は解釈しています。

たった一文字のことですが、大違いです。これが落語にもつながる日本語のおもしろいところです。

数年前のこと。とある地方公演の打ち上げで四軒目のカウンターバーに入りましたら、めちゃ好みのタイプのママさんが切り盛りしていました。話が盛り上がって最高潮でしたが、私が帰ろうとすると、なんとママさんが「お願い、抱いて」と迫ってきたのです。私はチャンス到来と思いきや、そこは一旦冷静になって「いま、なんて言ったの？」と問いかけたら、彼女は改めてこう言いました。「お願い、どいて」。要するに私がじゃまだっただけなのです。

すみません、くだらない話でした（笑）。話を元に戻します。

「積み上げてきたもので勝負しても勝てねえよ。積み上げてきたものと勝負しなきゃ勝てねえよ」。

前者には「守りと消費」が、後者には「攻めと成長」とがキーワードとなるような感じでしょうか。少し飛躍させると、「人と自分とを比べた指標たるカネで測る生き方」が前者なら、「昨日の自分と今日の自分とを比べる生き方」が後者なのかもしれません。

長くなりましたが、ここに前項から続く「愛すべき与太郎」になるためのヒントが隠されているように思うのです。

老後を迎えたからといっても、成長を拒否した状態がいいと言うわけでは決してありません。筋肉が年をとっても成長するように、老後も成長し続ける日々を送るべきなのです。成長するということは、日々アップデートさせていくということです。滞りがちな価値観を毎日更新し続けていくということは、固定観念の打破、つまりは、過去の常識をいかに転覆させていくか、つまりは与太郎的な見方を取り入れた生き方を目指すことを意味するはずです。

自分自身が、貯金と年金だけでおとなしく余生を送るスタイルを拒否するのを予見して、三年でサラリーマンを辞め、落語の世界に身を転じました。「愛すべき与太郎」にならざるを得ない日々そのものの落語家生活でしたが、つらつら考えるに、五十歳を過ぎてからジワジワと楽しくなってきています。

私のような生き方をお勧めするわけではありませんが、少なくとも、いまの私は毎日を楽しく過ごすことができています。ありがたいことです。

マジメにコツコツ生きて来た方々に、いきなり与太郎のようになれと言っているのではないのです。そんなことはナンセンスの極みであります。今まで地道に生きて来て、老後にいくばくかの不安を抱かれているのならば、与太郎的な心の緩さを身につけてみるのもいいのでは？　と。もし、そんな生き方ができたなら、それこそ本当に鬼に金棒、怖いものなしです。

私自身がこの立川流に入るまで、ガチガチのくそマジメ人生を歩んで来ました。そして立川談志と出会い、徹底的に体質改善をしてきたからこそ、ここのところは、実によくわかるのです。

居場所の見つけ方

　今の世の中は空前の居場所ブーム。どこに居場所を見つけ出すか。いやはや、老後の本を書いているからといってゴマをするわけでは決してありませんが、どこに行ってもお年寄りは元気そのもので、コミュニティを形成しています。あの生命力たるや、ものすごいものがあります。

　スポーツジムでの私は、ひたすら修行僧のようにトレーニングに励んでいるのですが、私とはまったく対照的なコミュニティが、ジムの中に形成されています。

　プールでは、かなり年配の方がスイスイ泳いでいます。ベテランスイマーのクロールは、抜き手といったほうがぴたりとくる感じです。そのまま普通に泳いでいても、その風貌と年恰好から古式泳法に見えてしまうのが不思議です。

　かなり遠いところから歩いてくるという方は、よほどお疲れのようで、マシンに座って休んでいます。ジムに来るまでがトレーニングなのでしょう。

　いろいろな方がいらっしゃいますが、彼ら年配の方々のコミュニティ形成能力というか居場所確保能力には、すごいものがあります。

そんな居場所で、話題や笑いの中心となっている人たちを見ると、与太郎的な雰囲気の方々ばかりのような気がします。彼らのまわりには、自然と人が集まってくるようなのです。

認知症のことを一時期ボケと言っていました。やはり差し障りがあったのでしょうか。そんな時期に「私がボケたらどうする？」と言う奥さんに対して、「その時は俺がツッコムよ」と見事な返しをしたご主人の応対が、確か何かの賞を取ったのを思い出しました。お見事であります。

落語の与太郎の周囲になぜか人が集まるような感じがするのは、彼がおもしろいからというのもありますが、それ以上に「相手に優越感を与えてくれる存在」だからでしょう。そういう意味でいうと、やはり与太郎は天才なのかもしれません。

こうして考えてみると、コミュニケーション能力とは、テクニックなのかもしれません。天性とかセンスといった生まれついてのものではなく、テクニックと考えた方が、何やらに希望が持てるというものです。

テクニックとしての与太郎を分析してみましょう。

与太郎は、まず余計な自己主張は一切しません。ボクシングで言うノーガード戦法でたたずんでいます。これはかなり高度なスタイルです。スキを相手にさらしてしまうのですから。逆にこんな無防備さから、むしろ人間が本来持っている「なんとかしてやろう症候群」をくすぐるかのような存在です。

言ってみれば、巻き込まれ上手であります。「誰かに言われたからそこに来た」みたいな格好でコミュニティに迎えられます。小父さんに無理やり商売を仕込まれて売らされる『かぼちゃ屋』『道具屋』。そして『孝行糖《こうこうとう》』に至っては、「親孝行のご褒美にお上からもらった報奨金を元手に、何か物売りのテクニックを身に付けさせてやろう」という近所の人たちから、コスプレ商法を伝授されてしまいます。愛されていなければ成立しない現象です。

与太郎がカネを持っているとか、与太郎に親切にするとメリットがあるとかの付き合いではありません。与太郎自体の魅力によるものです。これは、学ばない手はありません。

老後こそ、与太郎を目指してみましょう。体力の衰えは、プライドを維持する力も落ちて来るのでプラスに働くはずです。これは大きなことです。

与太郎に近づくためには、まず比べないこと。巻き込まれ上手になるということは、プールで水の流れに身をまかせるように、世間や周囲に考え方などをゆだねてみることかもしれません。そんな雰囲気が立ち込める人のまわりには、「類は友を呼ぶ」ごとく、同じような人たちが集まってくるはずです。やはり与太郎はすごい男だったのです。

マイナスをプラスに転じる

与太郎の愛されるポジションは、与太郎自身が中途半端に小賢しい人間だったらゲットできない地位であります。与太郎こそは、「マイナスな属性」でも、見方を変えれば「プラス」に転じるという、格好のサンプルなのです。与太郎的常識転覆力を駆使する、つまり、物の見方を変えることで、目の前の世界とは違うものが見えてくる。そうなると未来は、なかなか楽しくなるのではないでしょうか。

人間は、その場の見方しかできない生き物です。わかりやすい例が歩行者とドライバーの差です。歩いている時は、「自動車はじゃまだ、危ない」などと思いますが、車を運転する立場になると、「歩行者は危ない、じゃまだ」と思うものです。双方がいがみ合う中、風のように自転車は通り抜けて行きます（自転車は与太郎的ですね）。

こちらから見れば6だけど、反対側から見れば9。お互い「6だ、いや9だ」と言い合っている一コマ漫画しかり。一旦立ち止まって、自分の見方は一方的ではないかと考える習慣は、万人に必要です。与太郎に限らず、常識を転覆してみると、意外や意外、マイナスに思うこともプラスに見えてくるから不思議です。


よく小学校に落語で呼ばれます。「学校寄席」といって、全学年が体育館に集められて落語をやるのですが、鉄板の『転失気《てんしき》』などをかけ、質問コーナーで子どもの名前をわざと間違えたりして盛り上げた後、校長室へと通され、担当の先生やＰＴＡの方とお茶を飲みながら軽い反省会という流れになります。

すると、落語会で率先して質問してくれた児童の話になり、担任の先生あたりが、「あの子は落ち着きのない子でして」などとマイナスな見方をしてくるケースがあります。日本人らしい謙遜の精神で奥ゆかしさも感じるのですが、私はここで、敢《あ》えて逆な見方をしてみます。

「落ち着きがないというのは、切り替えが早いというプラス面もありますよ」と。

私自身は落ち着きのない子で、よく学校の先生から怒られたものでした。でも、視点を変えると切り替えが早いというメリットもあり、逆に私は落ち着きがないからこそ今の仕事がとても充実していると思っています。落語をやったり、講演をやったり、本を書いたり、絵手紙を描いたり、そしてジムに行ったりと。一面的な見方だけで判断しては、子どものせっかくの才能が潰れてしまう可能性があります。これは非常にもったいないことです。

うちのお袋は小学校の先生から「落ち着きがない」と言われた時はそんな風に庇《かば》ってくれました。「幸二くん（本名です）は、協調性があんまりないようです」と言われた時には「自主性はあります」と言い返していましたっけ。

いま思うと、談志との面接の際、初対面で「お袋さんがこうだと、息子は落語家になるわなぁ」と言わしめたお袋であります。

物事には、プラスの面とマイナスの面がありますが、こういう見方をしていくと、マイナスがプラスになったり、あるいはプラスがマイナスになって、結果的にはプラスもマイナスもなく、そんなものは、ご都合主義的に決まるものだと、おおらかな気持ちになります。

「年寄りは愚痴っぽい」と言われたら「経験値のアップによってより客観性が磨かれている」と言い返してやりましょう。「体力の衰え」を指摘されたら「若い世代にチャンスを譲ってあげてるのよ」と伝えてあげましょう。「同じ話しかしない」と言われたら「いい話は何度聞いてもいいのよ、落語がそうでしょ」とでも笑いながら話してあげましょう。何を言われても「暖簾に腕押し」の与太郎的雰囲気がまとえるようになれたとしたら、これは怖いものなしではないでしょうか。

「マイナスのもの」を紙に書き出してみて、逆の見方を試してみるのもいいかもしれません。今まで自分では気づかなかった新たな発見につながるはずです。

みんなが年を取るのですもの。老後はマイナスばかりじゃありませんよ。

人生は逆転できる！

長々と御託を並べてきましたが、いよいよ最後となりました！　いやあ、長丁場お付き合いいただきありがとうございました！　もう少しですから、ご辛抱くださいませ。

マイナスがプラスになり、プラスがマイナスになるとは、どういうことかと言うと、「人生は逆転できる！」の一言に尽きます。

医学の進歩が長寿を約束するようになりました。そしてＡＩの浸透と飛躍は、ますます人類の苦痛を取り除いてくれるはずです。苦悩の対価はなくなるのです。つまり、「長い時間を好きなことだけに向き合って生きていける」世の中になっていくことを意味します。

「老後」という概念から脱する

「老後向けの本を書きませんか」と言われて、最後に書いたオチがこれなのです。

さまざまな分野でのさまざまな多様性を尊重し合うことで、自らの負の部分も容認されるようになっていくはずです。

これをさらに飛躍させてみます。

もうそうなると、勝ちとか負けとか、儲かるとか儲からないとか、成長とか停滞などという従来型カテゴライズがナンセンスにさえなっていきます。

いや、待てよ。そうなると、勝ちの概念に属すような逆転という考え方すら超越する時代が一気に訪れるのかもしれませんなぁ。

いやあ、こうして書いているだけで、ワクワクしてくるような手ごたえを覚えます。
そういう時代を本当に待つのならば、老後世代の覚悟として必要なことと は、「あらゆるものを受け入れること」です。受け入れると言っても、ガマン して風雪に耐えるイメージではなく、春風の如くすべてを優しく包んでしまう ような包容のイメージでしょうか。長屋の八五郎や熊五郎からかなりきつい冗談を浴びせられても、「ご挨拶だなぁ」とかわしてニコニコしているあの大家さんやご隠居さんのような感覚でしょうか。いや包容は、その対象をさらなる大きな無償の愛で抱きしめるという意味では抱擁なのかもしれません。もっとも、年齢が年齢ですから法要かもしれませんが（笑）。

私の落語からの強引な解釈にここまでお付き合いいただいたガマン強い方なら、きっとおわかりいただけると思いますが、要するに、私がここで声を大にして訴えたかったのは、落語を聞き込んで、さらには、実生活でも落語の登場人物のような風情を醸し出してみたらいかがでしょうかという「学問のすすめ」ならぬ「非マジメのすすめ」であります！

あなた自身がそのような毎日を送り続ければ、あなたに感化された人が一人ずつ増えていくはずです。そして、そんなあなた方をコアとするコミュニティができていけば、きっと大きな波が生まれ、波がさらにうねりとなって、ゆくゆくはこの国を飲み込んでいくようになり、気が付けばいつの間にか、変わっているように思うのです。

さあ、この国の変容していく様を、一緒に見届けようではありませんか。

落語は我々のご先祖さまたちが子々孫々に向けて、「おまえたち、あんまりマジメになりすぎるなよ」というメッセージを込めた大いなる地下資源だったのです。我々日本人は、胸を張って落語という財産を受け継いでいるのだと確信しています。だって落語は、江戸時代以来、この国をずっと陰で支え続けてきた文化なのですから。きっと大丈夫です。

「日本は落語を生んだ国なんだ！」

快哉を叫んで、この本のラストとさせていただきます！

ここまで、お付き合いいただき、ありがとうございました！

読んでくださったあなたの未来が、そして老後が明るくなりますように！

立川談慶拝

著者紹介

立川談慶（たてかわ・だんけい）

落語家。一九六五年生まれ。長野県上田市出身。慶應義塾大学経済学部卒業後、株式会社ワコール入社。一九九一年、一念発起して立川談志十六番目の弟子となる。前座名は立川ワコール。二〇〇〇年二つ目昇進。立川談慶となる。二〇〇九年四月、真打昇進。主な著書に『大事なことはすべて立川談志に教わった』（KKベストセラーズ）、『落語家直伝うまい授業のつくりかた』（誠文堂新光社）、『なぜ与太郎は頭のいい人よりうまくいくのか』（日本実業出版社）、『慶応卒の落語家が教える「また会いたい」と思わせる気づかい』（WAVE出版）。特技はボディビルでベンチプレス120kgをらくらくとこなす。

老後は 非マジメのすすめ
後半生は落語的に生きるべし

二〇一九年一月二〇日　初版第一刷　発行

著　者　立川談慶
発行者　伊藤良則
発行所　株式会社　春陽堂書店
〒一〇三-〇〇二七
東京都中央区日本橋三-四-一六
電話　〇三-三二七一-〇〇五一

構成・編集　小野幸恵
装幀・デザイン　山谷淳子
印刷・製本　ラン印刷社

乱丁本・落丁本はお取替えいたします。

ISBN978-4-394-90346-8　C0095